미래와 통하는 책

동양북스 외국어 베스트 도서
700만 독자의 선택!

새로운 도서, 다양한 자료 동양북스 홈페이지에서 만나보세요!

www.dongyangbooks.com
m.dongyangbooks.com

※ 학습자료 및 MP3 제공 여부는 도서마다 상이하므로 확인 후 이용 바랍니다.

홈페이지 도서 자료실에서 학습자료 및 MP3 무료 다운로드

PC

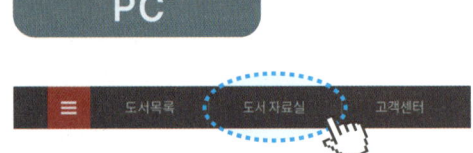

❶ 홈페이지 접속 후 도서 자료실 클릭
❷ 하단 검색 창에 검색어 입력
❸ MP3, 정답과 해설, 부가자료 등 첨부파일 다운로드
* 원하는 자료가 없는 경우 '요청하기' 클릭!

MOBILE

* 반드시 '인터넷, Safari, Chrome' App을 이용하여 홈페이지에 접속해주세요. (네이버, 다음 App 이용 시 첨부파일의 확장자명이 변경되어 저장되는 오류가 발생할 수 있습니다.)

❶ 홈페이지 접속 후 ☰ 터치

❷ 도서 자료실 터치

❸ 하단 검색창에 검색어 입력
❹ MP3, 정답과 해설, 부가자료 등 첨부파일 다운로드
* 압축 해제 방법은 '다운로드 Tip' 참고

NEW

도모다찌
일본어 하

강경자·김은정·박영숙·박은숙 지음

동양북스

개정1쇄 발행 | 2025년 6월 10일

지은이 | 강경자, 김은정, 박영숙, 박은숙
발행인 | 김태웅
책임편집 | 길혜진, 이서인
디자인 | 남은혜, 김지혜
마케팅 총괄 | 김철영
온라인 마케팅 | 신아연
제작 | 현대순

발행처 | (주)동양북스
등 록 | 제2014-000055호
주 소 | 서울시 마포구 동교로22길 14 (04030)
구입 문의 | 전화 (02)337-1737 팩스 (02)334-6624
내용 문의 | 전화 (02)337-1762 dybooks2@gmail.com

ISBN 979-11-7210-107-7 14730
ISBN 979-11-7210-091-9 (세트)

ⓒ2025, 강경자

▶ 본 책은 저작권법에 의해 보호를 받는 저작물이므로 무단 전재와 복제를 금합니다.
▶ 잘못된 책은 구입처에서 교환해드립니다.
▶ (주)동양북스에서는 소중한 원고, 새로운 기획을 기다리고 있습니다.

http://www.dongyangbooks.com

머리말

새로운 시대에 필요한 새로운 언어 감각!!

시대의 변화에 따라 변하는 것이 많이 있지만 무엇보다 민감한 변화는 우리들의 언어생활이라고 여겨집니다.

시대의 변화에 따라 사람들의 관심과 언어 표현은 끊임없이 변하며, 이러한 변화하는 시대 분위기 속에 뛰어난 외국어 실력을 갖춘다는 것은 그 시대의 아이콘이 되는 톡톡 튀는 표현을 유감없이 발휘할 수 있는 언어 감각을 가진다는 것일 것입니다. 이 교재는 이러한 문제의식 속에 집필되었습니다.

일반적으로 트렌디한 소재로 재미있게 전개되는 학습서는 지나치게 재미 위주로 편중되어 있어 학습서로는 부족하거나, 시험 대비를 위한 학습서는 너무 딱딱한 수험서 느낌의 책으로 집필되어서 재미있게 공부하며 시험 대비를 할 수 있는 책은 참으로 드문 것 같습니다.

어떻게 하면 재미있게 트렌디한 감각으로 실용 일본어를 배우되 문법과 어휘, 청취와 독해 능력까지 골고루 배양하여 시험 대비를 위한 실력까지 갖출 수 있는 교재를 제공해 줄 수 있을까? 하는 문제의식의 출발이 이 교재의 집필 동기라 할 수 있습니다.

이 교재는 톡톡 튀는 트렌디한 감각을 생생하고 현실감 넘치는 스토리를 통해 배우고, 꼼꼼하게 문법과 어휘, 청취 감각을 체크하는 시험 대비 코너도 갖추고 있어 재미와 실용성, 감각과 실력의 두 마리 토끼를 다 잡을 수 있습니다. 일본어를 배우는 자나 가르치는 자 모두에게 만족감을 주는 책이 될 것입니다.

아무쪼록 이 교재를 통해 일본어를 배우게 되는 모든 사람에게 누구보다도 뛰어난 일본어 감각과 실력을 배양하는 데 조금도 부족함이 없는 자그마한 도구로 쓰이길 소망합니다.

이 교재가 출간되기까지 최고의 교재를 위해 최선의 열정을 아낌없이 쏟아주신 동양북스 일본어팀 및 여러 관계자 여러분들께 깊은 감사를 드리며……

저자 일동

도입

우선 각 과에 대한 학습 목표를 확인하고 이어지는 대화문을 쉽게 이해할 수 있도록 대화 상황을 간략한 만화로 제시하였습니다. 초기 단계부터 부담 없이 재미있게 일본어 학습을 시작할 수 있습니다.

톡톡 회화

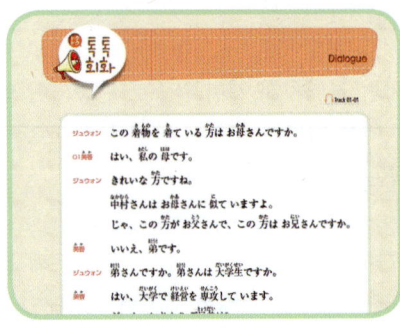

일상 일본어 회화를 바탕으로 실용적이고 자연스러운 대화문을 구성하였습니다. 기존 교재와 달리 각 등장인물의 성격이 엿보이는 즐겁고 재미있는 내용으로, 일본어 학습에 대한 흥미나 동기를 갖게 해 줍니다.

톡톡 문법

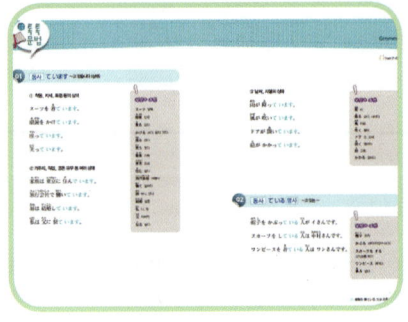

톡톡 회화에서 나오는 주요 문법 사항을 정리하여 제시하였습니다. 해당 문법을 활용한 예문도 다양하게 실어서 문법에 대한 이해를 도와줍니다.

톡톡 패턴

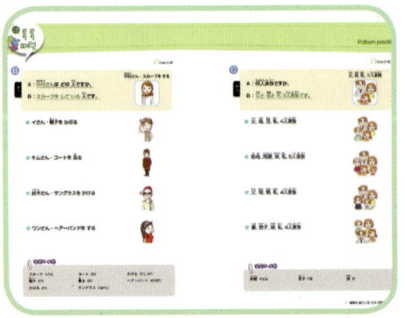

톡톡 문법에 나온 주요 문법을 중심으로 문형 연습을 구성하였습니다. 이 톡톡 패턴에서는 배운 문법을 토대로 실제 응용 연습을 통해 일본어의 기초를 탄탄히 다지고, 바로 실제 회화에서 쓸 수 있도록 도와줍니다.

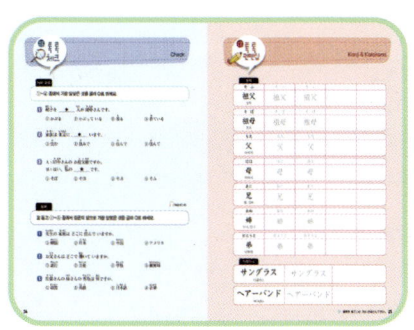

톡톡 체크

각 과에 나오는 주요 어휘와 문법을 중심으로 연습 문제를 실었습니다. '어휘·문법'과 '청취'의 유형별로 나누어져 있어서, 각종 일본어 시험의 기초 실력을 키울 수 있습니다.

톡톡 펜맨십

각 과에 나오는 주요 어휘 중 기본 한자 단어, 가타카나 단어를 직접 쓰며 확인할 수 있습니다.

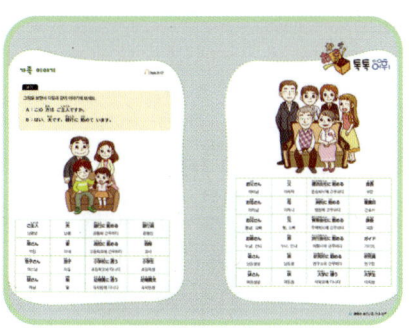

톡톡 어휘

각 과에 관련된 어휘를 그림과 같이 다양하게 제시하였습니다. 어휘를 충분히 익힌 후, 각 과에서 배웠던 문법 사항을 활용한 확장 연습도 가능합니다.

부록

톡톡 회화의 한국어 해석, 문법 사항을 쉽게 찾을 수 있는 색인, 톡톡 패턴의 정답 그리고 톡톡 체크의 각 정답과 청취 스크립트를 수록하였습니다.

★ 음성 녹음 MP3, 워크북 별책

본문 내용을 녹음한 MP3, 각 과의 톡톡 패턴과 톡톡 펜맨십을 직접 쓰고 연습할 수 있도록 워크북을 수록하였습니다.

목차

머리말 · 03
이 책의 구성 · 04
목차 · 06
이 책의 학습 구성표 · 09
등장 인물 소개 · 13

unit 01 着物を 着て いる 方は お母さんですか。· 14
기모노를 입고 있는 분은 어머님이십니까?

unit 02 約束の 時間に 遅れても いいですか。· 28
약속시간에 늦어도 됩니까?

unit 03 中国に 行った ことが ありますか。· 42
중국에 간 적이 있습니까?

unit 04 リラックスしたら どうですか。· 58
릴랙스 하는 게 어때요?

unit 05 怒らないで ください。· 70
화내지 말아 주세요

Contents

unit 06 スーツを着なければなりませんね。 ・84

정장을 입어야겠네요.

unit 07 いつでもドライブができます。 ・98

언제든지 드라이브할 수 있습니다.

unit 08 日本へ留学に行くつもりです。 ・110

일본에 유학하러 갈 예정입니다.

unit 09 ロトに当たったら何がしたいですか。 ・122

로또에 당첨되면 무엇을 하고 싶습니까?

unit 10 キャンディーブーケを作ってあげたらどうですか。 ・136

사탕부케를 만들어 주면 어떻습니까?

unit 11 雨が降りそうですから。 ・152

비가 내릴 것 같으니까요.

ドラマのような話ですね。 · 164
드라마 같은 이야기네요.

告白されたんですか。 · 178
고백받으신 거예요?

雑務ばかりさせられています。 · 190
잡무만 하고 있습니다.

少々お待ちください。 · 204
잠시 기다려 주십시오.

톡톡 회화 해석 · 218
톡톡 패턴 정답 · 224
톡톡 체크 정답 및 청취 스크립트 · 234
톡톡 문법 색인 · 245

이 책의 학습 구성표

unit	과 제목	학습 목표	문법 및 표현
unit 01	着物を 着て いる 方は お母さんですか。 기모노를 입고 있는 분은 어머님이십니까?	가족 소개와 여러 상태 표현 익히기	01 동사 て います ~고 있습니다 (상태) 　① 착용, 자세, 표정 등의 상태 　② 거주지, 직업, 결혼 유무 등 여러 상태 　③ 날씨, 사물의 상태 02 동사 て いる 명사 ~고 있는 ~ 03 가족 소개 　① 나의 가족 　　자신의 가족을 남에게 말할 때 　　가족끼리 자기 가족을 부를 때 　② 남의 가족 04 何人家族(なんにんかぞく) 몇 인 가족
unit 02	約束の 時間に 遅れても いいですか。 약속시간에 늦어도 됩니까?	허가, 금지 표현 익히기	01 ても いいです, ても かまいません ~해도 좋습니다, ~해도 상관없습니다, ~해도 개의치 않습니다 　① 동사 て형 + も いいです, も かまいません 　② い형용사 어간 + くても いいです, くても かまいません 　③ な형용사 어간 + でも いいです, でも かまいません 　④ 명사 + でも いいです, でも かまいません 02 ては いけません, ては だめです ~해서는 안 됩니다 　① 동사 て형 + は いけません, は だめです 　② い형용사 어간 + くては いけません, くては だめです 　③ な형용사 어간 + では いけません, では だめです 　④ 명사 + では いけません, では だめです 03 동사 て みる ~해보다
unit 03	中国に 行った ことが ありますか。 중국에 간 적이 있습니까?	각 품사의 과거형 및 경험과 나열 표현 익히기	01 각 품사의 た형(과거형) 　① 동사의 た형 　② い형용사의 어간 + かった 　③ な형용사의 어간 + だった 02 た형 + ことが あります / ありません 　　　　　　　~ㄴ 적이 있습니다 / 없습니다 03 た형 たり, た형 たり します ~거나 ~거나 합니다 　① 동사 　② い형용사 　③ な형용사 　④ 명사 04 ~から ~때문에, ~이니까 05 ~し~ ~고 ~

unit	과 제목	학습 목표	문법 및 표현
unit 04	リラックスしたら どうですか。 릴랙스 하는 게 어때요?	권유 제안 표현 익히기	01 동사 たら いいですか ~하면 됩니까? 02 동사 たら どうですか ~하는 게 어떨까요? 03 동사 た 方が いい(です) ~하는 편이 좋다(좋습니다) 04 동사 ます형 ながら ~면서(동시 동작) 05 ~と 思います ~라고 생각합니다

unit 05	怒らないで ください。
	화내지 말아 주세요.
		각 품사의 부정형과 부정형과 관련된 표현 익히기	01 각 품사의 부정형(ない형)
			  ① 동사의 부정형
			  ② 명사의 부정형 : 명사 + では(じゃ) ない
			  ③ い형용사의 부정형 : い형용사 어간 + く ない
			  ④ な형용사의 부정형 : な형용사 어간 + では(じゃ) ない
			02 동사 ないで ~지 않고, ~지 말고
			03 동사 ないで ください ~지 말아 주세요
			04 동사 ない 方が いい ~지 않는 편이 좋다
			05 동사 て しまう(ちゃう) ~고 말다

unit 06	スーツを着なければなりませんね。
	정장을 입어야 겠네요.
		의무와 불필요, 목적 표현 익히기	01 ~なければならない / ~なければなりません
			  ~하지 않으면 안 된다 / ~하지 않으면 안 됩니다
			  ① 명사 + で(じゃ)なければならない
			  ② い형용사 어간 + くなければならない
			  ③ な형용사 어간 + で(じゃ)なければならない
			  ④ 동사 부정형 + なければならない
			02 ~なくてもいい / ~なくてもいいです
			  ~하지 않아도 된다 / ~하지 않아도 됩니다
			  ① 명사 + で(じゃ)なくてもいい
			  ② い형용사 어간 + くなくてもいい
			  ③ な형용사 어간 + で(じゃ)なくてもいい
			  ④ 동사 부정형 + なくてもいい
			03 ~ための~ / ~ために ~위한 ~ / ~위해서

unit 07	いつでもドライブ ができます。
	언제든지 드라이브 할 수 있습니다.
		가능 동사와 추측 표현 익히기	01 가능 표현
			  ① 명사 + ができる
			  ② 동사 기본형 + ことができる
			  ③ 동사 가능형
			02 ~だろう / ~でしょう ~이겠지 / ~이겠지요
			03 ~かもしれない / ~かもしれません
			  ~일지도 모른다 / ~일지도 모릅니다

unit 08	日本へ留学に 行くつもりです。
	일본에 유학하러 갈 예정입니다.
		의지형 익히기	01 의지와 예정 표현
			  ① 동사 기본형 + つもりだ ~할 생각이다
			  ② 동사 ない형 + つもりだ ~하지 않을 생각이다
			  ③ 동사 기본형 + 予定だ ~할 예정이다
			  ④ 동사 의지형 + と思う ~하려고 한다
			02 복합 동사

unit	과 제목	학습 목표	문법 및 표현
unit 09	ロトに当(あ)たったら何(なに)がしたいですか。 로또에 당첨되면 무엇을 하고 싶습니까?	가정 표현 익히기	01 ～ば ～(하)면 　① 동사 え단 + ば 　② い형용사 어간 + ければ 　③ 조동사 어간 　　(동사형 え단 + ば, い형용사 어미형 어간 + ければ) 02 ～たら ～(하)면 　① 동사 た형 + ら　　② い형용사 た형 + ら 　③ な형용사 た형 + ら　④ 명사 + だったら 03 ～と ～(하)면 　① 동사 기본형 + と　　② 동사 ない형 + と
unit 10	キャンディーブーケを作(つく)ってあげたらどうですか。 사탕부케를 만들어 주면 어떻습니까?	수수 동사와 조건 표현 익히기	01 수수 표현 ① 　① 동식물, 아랫사람에 명사를 やる　～에게 ～을/를 주다 　　친구(동격의 사람)에 명사를 あげる　～에게 ～을/를 주다 　　윗사람에 명사를 さしあげる　～께 ～을/를 드리다 　② 친구(동격의 사람)가 명사를 くれる　～이/가 ～을/를 주다 　　윗사람이 명사를 くださる　～께서 ～을/를 주시다 　③ 친구(동격의 사람)에/から 명사를 もらう　～에게 ～을/를 받다 　　윗사람에/から 명사를 いただく　～께 ～을/를 받다 02 수수 표현 ② 　① ～てやる ～해 주다　　～てあげる ～해 주다 　② ～てくれる ～해 주다　～てくださる ～해 주시다 　③ ～てもらう ～해 주다　～ていただく ～해 주시다 03 ～なら ～한다면, ～(이)라면 　① 동사 기본형 + なら　② い형용사 기본형 + なら 　③ な형용사 어간 + なら　④ 명사 + なら
unit 11	雨(あめ)が降(ふ)りそうですから。 비가 내릴 것 같으니까요.	추측과 양태 전문 표현 익히기	01 ～そうだ ～라고 한다(전문) 　① 동사 る/ている/た + そうだ 　② い형용사 い/かった + そうだ 　③ な형용사 だ/だった + そうだ 　④ 명사 だ/だった + そうだ 02 ～そうだ ～처럼 보인다, ～인 것 같다 　① 동사 ます형 + そうだ　② い형용사 어간 + そうだ 　③ な형용사 어간 + そうだ　④ ～そうな + 명사 　⑤ ～そうに + 동사

11

unit	과 제목	학습 목표	문법 및 표현
unit 12	ドラマのような 話(はなし)ですね。 드라마 같은 이야기네요.	추측 표현 익히기	01 ～らしい　～인 것 같다 　① 동사 る / ている / た + らしい 　② い형용사 い / かった + らしい 　③ な형용사 어간 / だった + らしい 　④ 명사 - / だった + らしい 02 ～ようだ　～같다 　① 동사 る / ている / た + ようだ 　② い형용사 い / かった + ようだ 　③ な형용사 な / だった + ようだ 　④ 명사 の / だった + ようだ 03 ～ような　～같은 / ～ように　～처럼 04 가능형 + ようになる　～할 수 있게 되다 05 동사 + ように　～하도록 / ないように　～하지 않도록
unit 13	告白(こくはく)されたんですか。 고백받으신 거예요?	수동 표현 익히기	01 수동형 ～れる, られる, こられる, される 　① 1그룹 동사의 수동형 　② 2그룹 동사의 수동형 　③ 3그룹 동사의 수동형 02 일반 수동 　① (사물, 사건이) ～어지다 　② (사람이) ～받다, ～히다, ～리다, 당하다 03 피해 수동
unit 14	雑務(ざつむ)ばかりさせられています。 잡무만 하고 있습니다.	사역과 사역의 수동 표현 익히기	01 사역형 ～せる, させる　～시키다 　① 1그룹 동사의 사역형 　② 2그룹 동사의 사역형 　③ 3그룹 동사의 사역형 02 사역 수동 　① 1그룹 동사의 사역 수동형 　② 2그룹 동사의 사역 수동형 　③ 3그룹 동사의 사역 수동형 03 ばかり　～만 　① 명사 + ばかり 　② 동사 て형 + ばかり + いる
unit 15	少々(しょうしょう)お待(ま)ちください。 잠시 기다려 주십시오.	경어 표현 익히기	01 존경 표현 　① 존경 어법 お(ご) + ます형 / 동작성 명사 + になる 　② 동사 + れる, られる 　③ 존경 당부 표현 　④ 특수 존경어 02 겸양 표현 　① 겸양 어법 お(ご) + ます형 / 동작성 명사 + する(致(いた)す) 　② 특수 겸양어 03 특수 경어

등장 인물 소개

나카무라 미카(中村美香)

일본인 회사원.
현재 한국, 서울 지사에 근무 중
한류와 쇼핑에 열광하고
패션과 미용에 관심 많은 20대.
직선적이고 쿨한 성격.

이준수(イ・ジュンス)

한국인 학생.
취업을 준비하는 대학교 4학년.
미카와 준수는 일본에 어학연수
갔을 때 알게 된 사이.
성실하고 진지하며,
취업으로 고민하고 있다.
아려의 짝사랑의 대상.

등장 인물

김주원(キム・ジュウォン)

한국인 회사원. 이준수의 선배.
회사 생활에 흥미를 느끼지 못하고
늘 피곤에 겨워하고 있다.
이직에 관심이 많고
미카를 좋아해서 고백하고자 하지만
용기가 나지 않아 전전긍긍.

왕아려(ワン・アリョ)

착하고 귀여운 여동생 스타일의
중국인 유학생. 대학교 1학년.
세련된 미카를 친언니처럼 따르며
동경한다. 이준수 선배앓이.
유학 생활의 경험을 바탕으로
멋진 CEO가 되는 것이 꿈.
실은 북경 갑부의 외동딸.

unit 01 着物を 着て いる 方は お母さんですか。

기모노를 입고 있는 분은 어머님이십니까?

학습목표 가족 소개와 여러 상태 표현 익히기

Dialogue

Track 01-01

ジュウォン　この 着物を 着て いる 方は お母さんですか。

美香　　　　はい、私の 母です。

ジュウォン　きれいな 方ですね。
　　　　　　中村さんは お母さんに 似て いますよ。
　　　　　　じゃ、この 方が お父さんで、この 方は お兄さんですか。

美香　　　　いいえ、弟です。

ジュウォン　弟さんですか。弟さんは 大学生ですか。

美香　　　　はい、大学で 経営を 専攻して います。
　　　　　　ジュウォンさんの ご兄弟は?

ジュウォン　私は 兄弟が いません。両親と 私、3人家族です。

美香　　　　一人っ子ですか。うらやましいですね。

낱말과 표현

着物 기모노	お父さん 아버님	専攻 전공
着る 입다	～で ~이고	ご兄弟 형제분
方 분	お兄さん 오빠, 형님	兄弟 형제
お母さん 어머님	弟 남동생	一人っ子 외동
母 엄마, 모친	弟さん 남동생분	うらやましい 부럽다
きれいだ 예쁘다	大学生 대학생	
似て いる 닮다	経営 경영	

01 | 동사 て います ~고 있습니다 (상태)

① 착용, 자세, 표정 등의 상태

スーツを 着て います。

眼鏡を かけて います。

座って います。

笑って います。

② 거주지, 직업, 결혼 유무 등 여러 상태

家族は 東京に 住んで います。

旅行会社で 働いて います。

姉は 結婚して います。

私は 父に 似て います。

낱말과 표현

スーツ 양복
着る 입다
眼鏡 안경
かける 쓰다, 걸다, 끼다
座る 앉다
笑う 웃다
家族 가족
東京 도쿄
住む 살다
旅行会社 여행사
働く 일하다
姉 누나, 언니
結婚 결혼
私 나, 저
父 아버지
似る 닮다

Grammar

Track 01-02

③ 날씨, 사물의 상태

雨が 降って います。

風が 吹いて います。

ドアが 開いて います。

絵が かかって います。

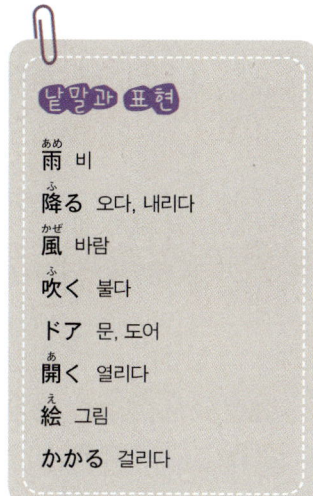

낱말과 표현

雨 비
降る 오다, 내리다
風 바람
吹く 불다
ドア 문, 도어
開く 열리다
絵 그림
かかる 걸리다

02 동사 て いる 명사 ~고 있는~

帽子を かぶって いる 人が イさんです。

スカーフを して いる 人は 中村さんです。

ワンピースを 着て いる 人は ワンさんです。

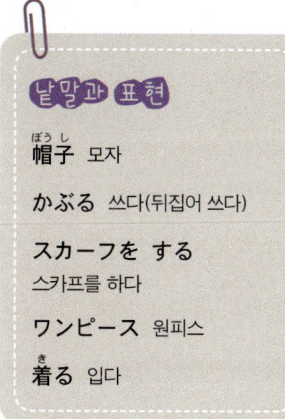

낱말과 표현

帽子 모자
かぶる 쓰다(뒤집어 쓰다)
スカーフを する 스카프를 하다
ワンピース 원피스
着る 입다

03 가족 소개

① 나의 가족 (私の 家族)

자신의 가족을 남에게 말할 때

私の 祖父	저의 할아버지
私の 祖母	저의 할머니
私の 両親	저의 부모(님)
私の 父	저의 아버지
私の 母	저의 어머니
私の 兄	저의 형, 오빠
私の 姉	저의 누나, 언니
私の 弟	저의 남동생
私の 妹	저의 여동생
私の 妻	저의 아내
私の 夫	저의 남편
私の 息子	저의 아들
私の 娘	저의 딸

가족끼리 자기 가족을 부를 때

お父さん	아버지
お母さん	어머니
お兄さん(ちゃん)	형, 오빠
お姉さん(ちゃん)	누나, 언니

Grammar

🎧 Track 01-02

② 남의 가족 (～さんの ご家族)

中村さんの お祖父さん, お祖父さま	나카무라 씨의 할아버님
中村さんの お祖母さん, お祖母さま	나카무라 씨의 할머님
中村さんの お父さん, お父さま	나카무라 씨의 아버님
中村さんの お母さん, お母さま	나카무라 씨의 어머님
中村さんの お兄さん, お兄さま	나카무라 씨의 형님
中村さんの お姉さん, お姉さま	나카무라 씨의 누님
中村さんの 弟さん	나카무라 씨의 남동생분
中村さんの 妹さん	나카무라 씨의 여동생분
中村さんの 奥さん	나카무라 씨의 사모님
中村さんの ご主人	나카무라 씨의 남편
中村さんの 息子さん	나카무라 씨의 아드님
中村さんの 娘さん	나카무라 씨의 따님

Grammar

🎧 Track 01-02

04 何人家族 몇인 가족

何人家族ですか。

何人兄弟ですか。

ご家族は 何人ですか。

四人家族です。

何人 몇 명

一人	二人	三人	四人	五人
ひとり	ふたり	さんにん	よにん	ごにん
六人	七人	八人	九人	十人
ろくにん	ななにん しちにん	はちにん	きゅうにん	じゅうにん

Pattern practice

🎧 Track 01-03

A 보기와 같이 연습해 봅시다.

보기
A : キムさんの お父(とう)さんですか。
B : はい、私(わたし)の 父(ちち)です。

お父(とう)さん, 父(ちち)

① お祖父様(じいさま), 祖父(そふ)

② お祖母様(ばあさま), 祖母(そぼ)

③ お母(かあ)さん, 母(はは)

④ お兄(にい)さん, 兄(あに)

⑤ お姉(ねえ)さん, 姉(あね)

⑥ 奥(おく)さん, 妻(つま)

낱말과 표현

お父(とう)さん 아버님	祖母(そぼ) 조모	お姉(ねえ)さん 누님, 언니
父(ちち) 아버지	お母(かあ)さん 어머님	姉(あね) 언니, 누나
お祖父様(じいさま) 할아버님	母(はは) 어머니	奥(おく)さん 부인
祖父(そふ) 조부	お兄(にい)さん 형님, 오빠	妻(つま) 아내, 처
お祖母様(ばあさま) 할머님	兄(あに) 형, 오빠	

01 着物を 着て いる 方は お母さんですか。

🎧 Track 01-04

B

보기

A: 中村さんは どの 人ですか。
B: スカーフを して いる 人です。

中村さん・スカーフを する

1. イさん・帽子を かぶる

2. キムさん・コートを 着る

3. 鈴木さん・サングラスを かける

4. ワンさん・ヘアーバンドを する

낱말과 표현

スカーフ 스카프	コート 코트	かける 끼다, 쓰다
帽子 모자	着る 입다	ヘアーバンド 헤어밴드
かぶる 쓰다	サングラス 선글라스	

Pattern practice

🎧 Track 01-05

보기

A : 何人家族ですか。
B : <u>父と 母と 私、3人家族です。</u>

父, 母, 私, 3人家族

1 父, 母, 兄, 私, 4人家族

2 祖母, 両親, 妹, 私, 5人家族

3 父, 母, 姉, 私, 4人家族

4 妻, 息子, 娘, 私, 4人家族

両親 부모님   息子 아들   娘 딸

어휘·문법

①~④ 중에서 가장 알맞은 것을 골라 O표 하세요.

1. 帽子を ＿＿★＿＿ 人が 田中さんです。
   ① かぶる　　② かぶっている　　③ 着る　　④ 着ている

2. 家族は 東京に ＿＿★＿＿ います。
   ① 住む　　② 住みで　　③ 住んで　　④ 住んて

3. A：田中さんの お祖父様ですか。
   B：はい、私の ＿＿★＿＿ です。
   ① そぼ　　② そほ　　③ そぶ　　④ そふ

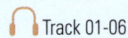

청취

잘 듣고 ①~④ 중에서 질문의 답으로 가장 알맞은 것을 골라 O표 하세요.

1. 先生の 家族は どこに 住んで いますか。
   ① 韓国　　② 日本　　③ 中国　　④ アメリカ

2. お父さんは どこで 働いて いますか。
   ① 銀行　　② 会社　　③ 学校　　④ 郵便局

3. 佐藤さんの 妹さんの 専攻は 何ですか。
   ① 経営　　② 英語　　③ 日本語　　④ 音楽

Kanji & Katakana

한자

そふ 祖父 조부	そふ 祖父	そふ 祖父		
そぼ 祖母 조모	そぼ 祖母	そぼ 祖母		
ちち 父 아버지	ちち 父	ちち 父		
はは 母 어머니	はは 母	はは 母		
あに 兄 형, 오빠	あに 兄	あに 兄		
あね 姉 누나, 언니	あね 姉	あね 姉		
おとうと 弟 남동생	おとうと 弟	おとうと 弟		

가타카나

| サングラス 선글라스 | サングラス | |
| ヘアーバンド 헤어밴드 | ヘアーバンド | |

01 着物を 着て いる 方は お母さんですか。

가족 이야기

> 보기

그림을 보면서 다음과 같이 이야기해 보세요.

A : この 方は ご主人ですか。
B : はい、夫です。銀行に 勤めて います。

ご主人	夫	銀行に 勤める	銀行員
남편분	남편	은행에 근무하다	은행원
奥さん	妻	高校に 勤める	教師
부인	아내	고등학교에 근무하다	교사
息子さん	息子	小学校に 通う	小学生
아드님	아들	초등학교에 다니다	초등학생
娘さん	娘	幼稚園に 通う	幼稚園児
따님	딸	유치원에 다니다	유치원생

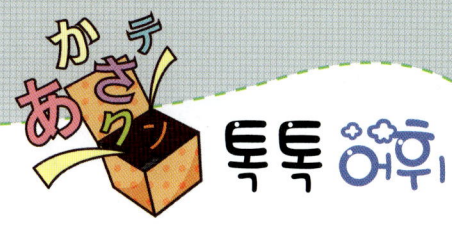

お父(とう)さん	父(ちち)	運送会社(うんそうがいしゃ)に 勤(つと)める	部長(ぶちょう)
아버님	아버지	운송회사에 근무하다	부장
お母(かあ)さん	母(はは)	病院(びょういん)に 勤(つと)める	看護師(かんごし)
어머님	어머니	병원에 근무하다	간호사
お兄(にい)さん	兄(あに)	貿易会社(ぼうえきがいしゃ)に 勤(つと)める	課長(かちょう)
형님, 오빠	형, 오빠	무역회사에 근무하다	과장
お姉(ねえ)さん	姉(あね)	旅行会社(りょこうがいしゃ)に 勤(つと)める	ガイド
누님, 언니	누나, 언니	여행사에 근무하다	가이드
弟(おとうと)さん	弟(おとうと)	研究所(けんきゅうじょ)に 勤(つと)める	研究員(けんきゅういん)
남동생분	남동생	연구소에 근무하다	연구원
妹(いもうと)さん	妹(いもうと)	大学(だいがく)に 通(かよ)う	大学生(だいがくせい)
여동생분	여동생	대학교에 다니다	대학생

01 着物を 着て いる 方は お母さんですか。

unit 02 約束の 時間に 遅れても いいですか。

약속시간에 늦어도 됩니까?

학습목표 허가, 금지 표현 익히기

Dialogue

Track 02-01

アリョ　美香さん、今 何を して いますか。

美香　心理テストを して います。

アリョ　そうですか。何の 心理テストですか。

美香　恋愛心理テストです。アリョさんも して みますか。
　　　質問1：彼氏が 約束の 時間に 遅れても いいですか。

アリョ　私は 全然 かまいません。
　　　一時間 ぐらいは 遅れても いいです。

美香　ええ〜！ 私は 絶対 だめです。10分 ぐらいは いいですけど。

アリョ　でも 美香さんも よく 約束の 時間に 遅れるじゃ ないですか。

美香　あ、それは その…。

낱말과 표현

心理テスト 심리테스트	時間 시간	〜ぐらい 〜정도
何の 무슨	遅れる 늦다	絶対 절대
恋愛心理 연애 심리	〜ても いいです 〜해도 괜찮습니다	だめだ 안 된다
質問 질문	全然 전혀	よく 자주, 잘
彼氏 남자친구, 그이	かまいません 상관없습니다, 괜찮습니다	
約束 약속		

01 ても いいです, ても かまいません
~해도 좋습니다, ~해도 상관없습니다, ~해도 개의치 않습니다

① 동사 て형 + も いいです, も かまいません

全部 食べても いいです。

この 席に 座っても いいです。

少し 休んでも いいです。

パソコンを 使っても かまいません。

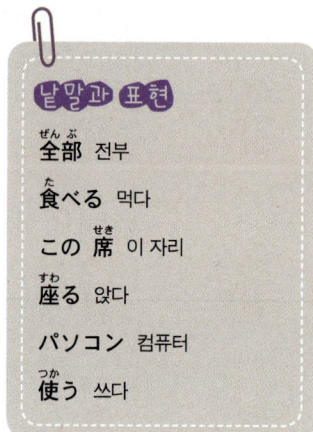

낱말과 표현

全部 전부
食べる 먹다
この 席 이 자리
座る 앉다
パソコン 컴퓨터
使う 쓰다

② い형용사 어간 + くても いいです, くても かまいません

部屋は 狭くても いいです。

駅が 遠くても かまいません。

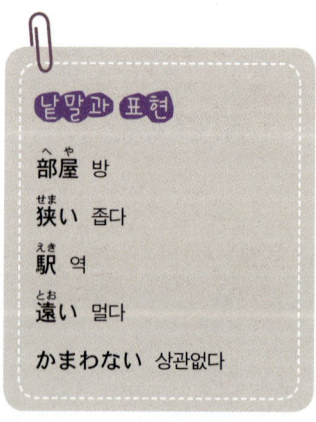

낱말과 표현

部屋 방
狭い 좁다
駅 역
遠い 멀다
かまわない 상관없다

Grammar

🎧 Track 02-02

③ な형용사 어간 + でも いいです, でも かまいません

歌が 下手でも いいです。

交通が 不便でも かまいません。

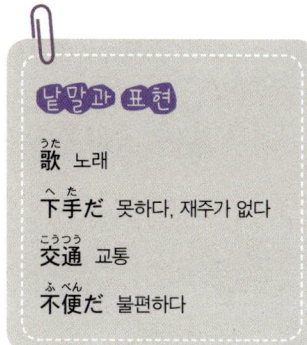

낱말과 표현
歌 노래
下手だ 못하다, 재주가 없다
交通 교통
不便だ 불편하다

④ 명사 + でも いいです, でも かまいません

主婦でも いいです。

難しい 問題でも かまいません。

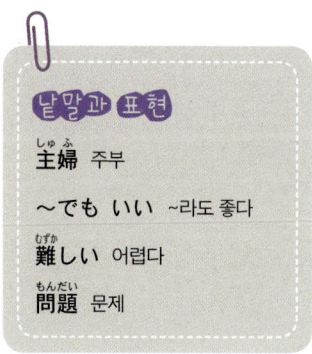

낱말과 표현
主婦 주부
~でも いい ~라도 좋다
難しい 어렵다
問題 문제

02　てはいけません, てはだめです　~해서는 안 됩니다

① 동사 て형 + はいけません, はだめです

ここでは 写真を 撮っては いけません。

教室では お酒を 飲んでは いけません。

他人の 意見を 無視しては だめです。

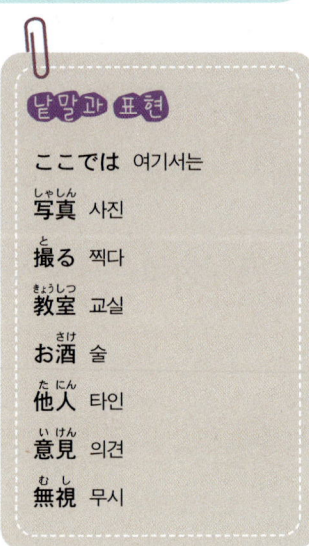

낱말과 표현

ここでは　여기서는
写真　사진
撮る　찍다
教室　교실
お酒　술
他人　타인
意見　의견
無視　무시

② い형용사 어간 + くては いけません, くては だめです

周りが うるさくては いけません。

デザインが 古くては だめです。

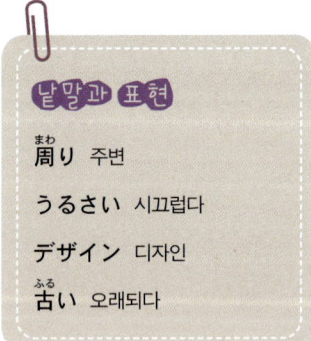

낱말과 표현

周り　주변
うるさい　시끄럽다
デザイン　디자인
古い　오래되다

Grammar

🎧 Track02-02

③ な형용사 어간 + では いけません, では だめです

料理（りょうり）が 下手（へた）では いけません。

仕事（しごと）に 不真面目（ふまじめ）では だめです。

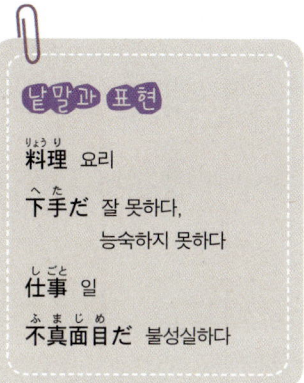

낱말과 표현
料理（りょうり） 요리
下手（へた）だ 잘 못하다, 능숙하지 못하다
仕事（しごと） 일
不真面目（ふまじめ）だ 불성실하다

④ 명사 + では いけません, では だめです

この 成績（せいせき）では いけません。

未成年者（みせいねんしゃ）では だめです。

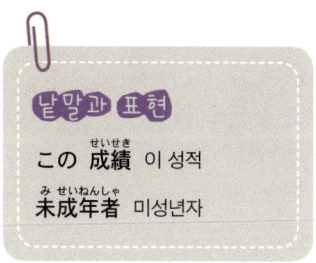

낱말과 표현
この 成績（せいせき） 이 성적
未成年者（みせいねんしゃ） 미성년자

Grammar

03 동사 てみる ~해보다

タンゴを 習って みたいです。

外国に 住んで みたいです。

この ブーツ、履いて みても いいですか。

낱말과 표현

- タンゴ 탱고
- 習う 배우다
- 外国 외국
- 住む 살다
- この 이
- ブーツ 부츠
- 履く 신다

 **Pattern practice**

🎧 Track 02-03

A 보기와 같이 연습해 봅시다.

 보기

ひらがなで 書く・漢字で 書く

A : ひらがなで 書いても いいですか。
B : いいえ、漢字で 書いて ください。

① 韓国語で 話す・日本語で 話す

② 私服を 着る・ユニホームを 着る

③ 友だちと 行く・一人で 来る

④ ファックスで 送る・郵便で 送る

낱말과 표현

書く 쓰다	着る 입다	来る 오다
漢字 한자	ユニホーム 유니폼	ファックス 팩스
韓国語 한국어	友だち 친구	送る 보내다
私服 사복	一人で 혼자서	郵便 우편

02 約束の 時間に 遅れても いいですか。 **35**

🎧 Track 02-04

B

보기
A: ここで タバコを 吸っても いいですか。
B: いいえ、吸っては いけません。
　　ここは 禁煙エリアです。

ここで タバコを 吸う・ここは 禁煙エリア

1 友だちに 話す・これは 秘密

2 ちょっと 入る・今は 会議中

3 窓を 開ける・冷房中

4 ここに 車を 止める・駐車禁止区域

낱말과 표현

吸う (담배를) 피우다	入る 들어가다	冷房中 냉방 중
禁煙エリア 금연구역	会議中 회의 중	止める 세우다
秘密 비밀	窓 창문	駐車禁止区域 주차금지 구역
ちょっと 잠깐, 조금	開ける 열다	

Pattern practice

🎧 Track 02-05

보기
A : <u>行って みますか。</u>
B : はい、一度 <u>行って みたいです</u>。

行く

1 乗る

2 作る

3 着る

4 食べる

5 やる

6 履く

낱말과 표현

行く 가다	作る 만들다	やる 하다
一度 한 번	着る 입다	履く 신다
乗る 타다	食べる 먹다	

Check

어휘·문법

①~④ 중에서 가장 알맞은 것을 골라 O표 하세요.

1 本を ＿＿＿★＿＿＿ いいですか。
① 借りる　② 借りても　③ 借りては　④ 借り

2 先に ＿＿＿★＿＿＿ いいですか。
① 帰る　② 帰ても　③ 帰りも　④ 帰っても

3 授業に ＿＿＿★＿＿＿ いけません。
① 遅れる　② 遅れては　③ 遅れっても　④ 遅れ

 Track 02-06

청취

잘 듣고 ①~③ 중에서 질문의 답으로 가장 알맞은 것을 골라 O표 하세요.

1 先生、質問しても いいですか。
①　②　③

2 タバコを 吸っては いけませんか。
①　②　③

3 スーツを 着て みても いいですか。
①　②　③

Kanji & Katakana

한자

しんり 心理 심리	しんり 心理	しんり 心理		
ないよう 内容 내용	ないよう 内容	ないよう 内容		
れんあい 恋愛 연애	れんあい 恋愛	れんあい 恋愛		
ひみつ 秘密 비밀	ひみつ 秘密	ひみつ 秘密		
やくそく 約束 약속	やくそく 約束	やくそく 約束		
ぜんぜん 全然 전혀	ぜんぜん 全然	ぜんぜん 全然		

가타카나

エリア 구역	エリア	
パソコン 컴퓨터	パソコン	
ユニホーム 유니폼	ユニホーム	

여기는 뮤지컬 공연장 안입니다.

Track 02-07

보기

그림을 보면서 다음과 같이 이야기해 보세요.

A : 写真を 撮っても いいですか。
B : いいえ、写真を 撮っては いけません。

① 録音する 녹음하다
② となりの 人と 大きい 声で 話す 옆 사람과 큰 소리로 이야기하다
③ 他の 席に 移る 다른 사람의 좌석으로 옮기다
④ 電話する 전화하다
⑤ ビールを 飲む 맥주를 마시다
⑥ パンを 食べる 빵을 먹다
⑦ 拍手する 박수 치다
⑧ ガムを かむ 껌을 씹다
⑨ 笑う 웃다
⑩ 赤ちゃんを 連れて いく 아기를 데리고 가다
⑪ 踊りを 踊る 춤을 추다
⑫ 歌を 歌う 노래 부르다
⑬ いたずらを する 장난치다
⑭ いびきを かく 코를 골다

unit 03 中国に 行った ことが ありますか。

중국에 간 적이 있습니까?

학습목표 각 품사의 과거형 및 경험과 나열 표현 익히기

Dialogue

アリョ 美香さんは 中国に 行った ことが ありますか。

美香 はい、一度 行った ことが あります。

アリョ 中国の どこに 行ったんですか。

美香 ハイナンです。本当に きれいでした。料理も おいしかったし、ホテルも 最高でした。海で 泳いだり、ショッピングセンターで 買い物を したり、本当に 楽しかったですよ。

アリョ そうですか。じゃ、ペキンには 行った ことが ないんですね。

美香 行きたいんですけど、なかなか 機会が なくて…。

アリョ じゃ、今度の 夏休みに 一度 遊びに 来て ください。私が 案内しますから。

美香 本当に？ ぜひ お願いします。

낱말과 표현

- 一度 한 번
- ハイナン(海南) 하이난
- 本当に 정말로
- 料理 요리
- ～も ~도
- おいしい 맛있다
- ～し～ ~고~
- ホテル 호텔
- 最高だ 최고다
- 海で 泳ぐ 바다에서 헤엄치다
- ～た(だ)り～た(だ)り ~거나 ~거나 (합니다)
- ショッピングセンター 쇼핑센터
- 買い物 쇼핑
- ペキン(北京) 북경
- ～けど ~지만
- なかなか 좀처럼
- 機会が ない 기회가 없다
- 今度の 이번
- 案内する 안내하다
- ～から ~때문에, ~이니까
- ぜひ 부디, 꼭
- お願いします 부탁합니다

01 각 품사의 た형(과거형)

① 동사의 た형(과거형)

1그룹 동사

	기본형	た형
~く(ぐ) → ~いた(いだ)	書く 쓰다 泳ぐ 헤엄치다	書いた 썼다 泳いだ 헤엄쳤다
~う, ~つ, ~る → ~った	会う 만나다 待つ 기다리다 降る (눈, 비) 내리다	会った 만났다 待った 기다렸다 降った 내렸다
~ぬ, ~ぶ, ~む → ~んだ	死ぬ 죽다 遊ぶ 놀다 飲む 마시다	死んだ 죽었다 遊んだ 놀았다 飲んだ 마셨다
~す → ~した * 예외	話す 이야기하다 行く 가다	話した 이야기했다 行った 갔다

2그룹 동사

	기본형	た형
어간 + た	見る 보다 起きる 일어나다 食べる 먹다 寝る 자다	見た 보았다 起きた 일어났다 食べた 먹었다 寝た 잤다

3그룹 동사

기본형	た형
来る 오다 する 하다	来た 왔다 した 했다

Grammar

🎧 Track 03-02

② い형용사의 어간 + かった

ドラマは 面白かった。

試験の 問題は 難しかった。

料理は とても おいしかった。

★ 「いい(좋다)」의 과거형은 「良かった(좋았다)」, 과거 부정형은 「良くなかった(좋지 않았다)」

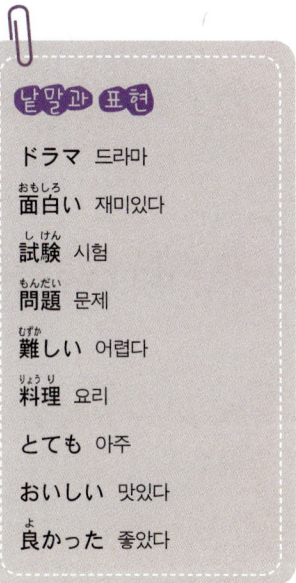

낱말과 표현

ドラマ 드라마
面白い 재미있다
試験 시험
問題 문제
難しい 어렵다
料理 요리
とても 아주
おいしい 맛있다
良かった 좋았다

③ な형용사의 어간 + だった

昔は 静かだった。

交通は 便利だった。

店員は 親切だった。

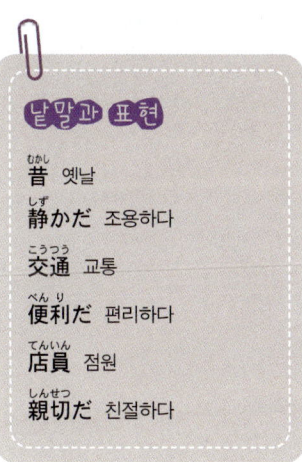

낱말과 표현

昔 옛날
静かだ 조용하다
交通 교통
便利だ 편리하다
店員 점원
親切だ 친절하다

02 た形 + ことが あります / ありません   ~ㄴ 적이 있습니다 / 없습니다

海外旅行に 行った ことが あります。

宝くじに 当たった ことが ありません。

地下鉄で 財布を 忘れた ことが あります。

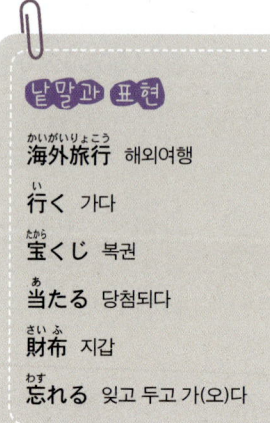

낱말과 표현

海外旅行 해외여행
行く 가다
宝くじ 복권
当たる 당첨되다
財布 지갑
忘れる 잊고 두고 가(오)다

03 た形 たり、た形 たり します   ~거나 ~거나 합니다

① 동사

山に 登ったり、海で 泳いだり します。

本を 読んだり、音楽を 聞いたり します。

ドラマを 見ながら 泣いたり、笑ったり します。

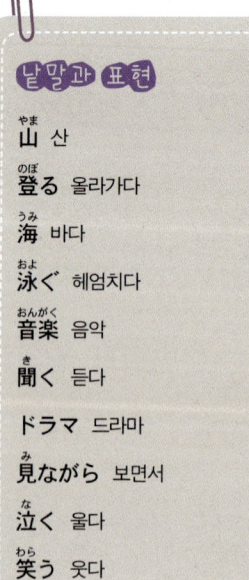

낱말과 표현

山 산
登る 올라가다
海 바다
泳ぐ 헤엄치다
音楽 음악
聞く 듣다
ドラマ 드라마
見ながら 보면서
泣く 울다
笑う 웃다

Grammar

🎧 Track 03-02

② **い형용사**

映画の ストーリーは 面白かったり、
つまらなかったり します。

授業の 雰囲気は 良かったり、
悪かったり します。

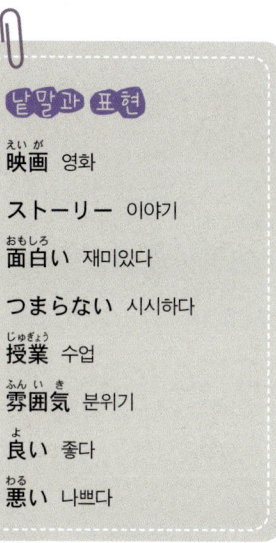

낱말과 표현
- 映画 영화
- ストーリー 이야기
- 面白い 재미있다
- つまらない 시시하다
- 授業 수업
- 雰囲気 분위기
- 良い 좋다
- 悪い 나쁘다

③ **な형용사**

学生の 態度は 真面目だったり、不真面目
だったり します。

あの 店の 店員は 親切だったり、不親切
だったり します。

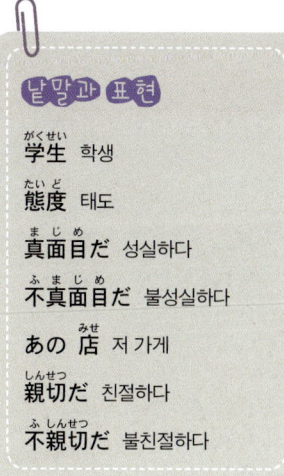

낱말과 표현
- 学生 학생
- 態度 태도
- 真面目だ 성실하다
- 不真面目だ 불성실하다
- あの 店 저 가게
- 親切だ 친절하다
- 不親切だ 불친절하다

03 中国に 行った ことが ありますか。 **47**

④ 명사

お昼の メニューは トンカツだったり、ラーメンだったり します。

交通手段は バスだったり、地下鉄だったり します。

낱말과 표현
お昼 점심
メニュー 메뉴
トンカツ 돈가스
ラーメン 라면
交通手段 교통수단
バス 버스
地下鉄 지하철

04 〜から ~때문에, ~이니까

先輩が いますから、安心です。

親しい 友だちが いませんから、さびしいです。

ケータイが ありませんから、不便です。

낱말과 표현
安心だ 안심이다
親しい 친하다
さびしい 외롭다
不便だ 불편하다

Grammar

🎧 Track 03-02

05 ～し～ ~고~

あの 店は 料理も おいしいし、店員も 親切です。

この 服は デザインも いいし、値段も 安いです。

日本語の 授業は 楽しいし、雰囲気も いいです。

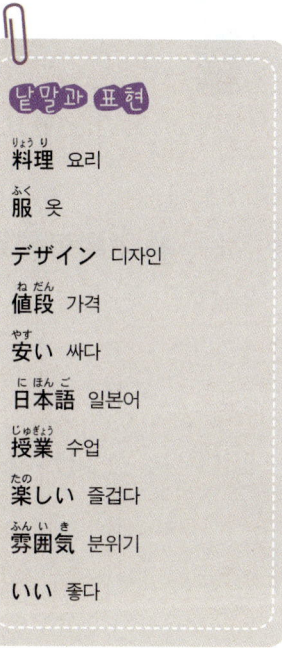

낱말과 표현

料理 요리
服 옷
デザイン 디자인
値段 가격
安い 싸다
日本語 일본어
授業 수업
楽しい 즐겁다
雰囲気 분위기
いい 좋다

Track 03-03

A 보기와 같이 연습해 봅시다.

보기
A : 暇な とき 何を しますか。
B : ゲームを したり、
　　インターネットを したり します。

ゲームを する・インターネットを する

1. 映画を 見る・友だちに 会う

2. コンサートに 行く・ドライブに 行く

3. 音楽を 聞く・本を 読む

4. 掃除を する・洗濯を する

낱말과 표현

暇だ 한가하다	見る 보다	聞く 듣다
とき 때	会う 만나다	本 책
ゲーム 게임	コンサート 콘서트	読む 읽다
インターネット 인터넷	ドライブ 드라이브	掃除 청소
映画 영화	音楽 음악	洗濯 세탁

Pattern practice

🎧 Track 03-04

B

보기

A: <u>ショッピングセンターでは</u>
何を しますか。

B: <u>ショッピングを したり、食事を
したり します</u>。

ショッピングセンター /
ショッピングを する・食事を する

❶ 遊園地 / 乗り物に 乗る・デートを する

❷ 図書館 / 本を 借りる・勉強する

❸ 野球場 / 野球を 見る・チアガールと
応援する

❹ カフェ / コーヒーを 飲む・友だちと 話す

낱말과 표현

ショッピングセンター 쇼핑센터	乗り物に 乗る 놀이기구를 타다	野球場 야구장
食事 식사	デート 데이트	チアガール 치어걸
遊園地 유원지	図書館 도서관	応援する 응원하다
	借りる 빌리다	カフェ 카페

🎧 Track 03-05

C

A：日本に 行った ことが ありますか。
B：はい、行った ことが あります。
　　いいえ、行った ことが ありません。

日本に 行く

1　日本語で 手紙を 書く

2　日本の 料理を 作る

3　ご両親に うそを つく

4　コンビニで アルバイトを する

手紙 편지	作る 만들다	コンビニ 편의점
書く 쓰다	ご両親 양친, 부모님	アルバイト 아르바이트
料理 요리	うそを つく 거짓말을 하다	

Pattern practice

🎧 Track 03-06

보기

旅行 / 天気も いい・料理も おいしい

A : 旅行は どうでしたか。
B : 天気も よかったし、料理も おいしかったです。

1. あの レストラン / 雰囲気も いい・店員も 親切だ

2. 映画 / 俳優の 演技も いい・ストーリーも おもしろい

3. デパート / 建物も 新しい・品物も 多い

4. 面接 / 質問も 難しい・体の 調子も 悪い

낱말과 표현

どうでしたか 어땠습니까?	演技 연기	品物 물건
雰囲気 분위기	ストーリー 스토리, 이야기	面接 면접
親切だ 친절하다	新しい 새롭다	質問 질문
俳優 배우	建物 건물	体の調子 몸 상태

Check

어휘·문법

①~④ 중에서 가장 알맞은 것을 골라 O표 하세요.

1. カフェで コーヒーを ＿＿＿★＿＿＿ ショッピングセンターで ショッピングを したり しました。
   ① 飲んだり   ② 飲みたり   ③ 飲ったり   ④ 飲みだり

2. A : 旅行は どうでしたか。
   B : 本当に ＿＿＿★＿＿＿ よ。
   ① 楽しかった   ② 楽しでした   ③ 楽しいでした   ④ 楽しい

3. A : 公園は どうでしたか。
   B : とても ＿＿＿★＿＿＿ よ。
   ① 静かです   ② 静かでした   ③ 静かった   ④ 静かだったでした

청취

🎧 Track 03-07

잘 듣고 ①~④ 중에서 질문의 답으로 가장 알맞은 것을 골라 O표 하세요.

1. 吉田さんは ハワイに 行った ことが ありますか。
   ① はい、行った ことが ありますか。   ② いいえ、行った ことが ありません。
   ③ 分かりません。   ④ 3年前に 行った ことが あります。

2. 店は どうでしたか。
   ① とても 静かだった   ② 店員が 親切だった
   ③ とても きれいだった   ④ 交通が 不便だった

3. 女の 人は 暇な 時 何を しますか。
   ① ゲーム   ② 料理   ③ 掃除   ④ インターネット

Kanji & Katakana

한자

りょこう **旅行** 여행	りょこう 旅行	りょこう 旅行		
さいこう **最高** 최고	さいこう 最高	さいこう 最高		
きかい **機会** 기회	きかい 機会	きかい 機会		
あんない **案内** 안내	あんない 案内	あんない 案内		
めんせつ **面接** 면접	めんせつ 面接	めんせつ 面接		
こうつう **交通** 교통	こうつう 交通	こうつう 交通		

가타카나

ホテル 호텔	ホテル	
センター 센터	センター	
ドラマ 드라마	ドラマ	

세계 어디까지?

 Track 03-08

보기

그림을 보면서 다음과 같이 이야기해 보세요.

A : 日本に 行った ことが ありますか。
B : はい、行った ことが あります。
　　いいえ、行った ことが ありません。

① アメリカ 미국

② イギリス 영국

③ フランス 프랑스

④ ドイツ 독일

⑤ ロシア 러시아

⑥ イタリア 이탈리아

⑦ インドネシア 인도네시아

⑧ インド 인도

⑨ イラン 이란

⑩ 日本(にほん) 일본

⑪ 中国(ちゅうごく) 중국

⑫ 台湾(たいわん) 대만

⑬ カンボジア 캄보디아

⑭ モンゴル 몽골

⑮ ニュージーランド 뉴질랜드

⑯ フィリピン 필리핀

⑰ シンガポール 싱가포르

⑱ ベトナム 베트남

⑲ スイス 스위스

⑳ メキシコ 멕시코

㉑ ブラジル 브라질

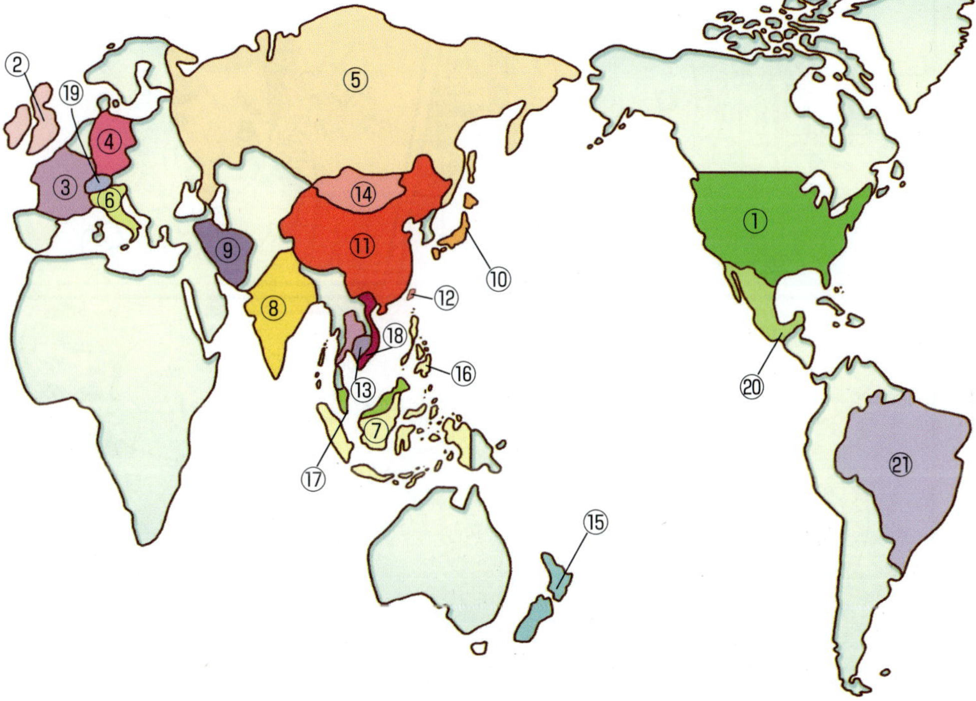

リラックスしたら どうですか。

릴랙스 하는 게 어때요?

학습목표 권유 제안 표현 익히기

무슨 일이에요? 안색이 안 좋네요.

면접을 앞두고 조금 무리를 했어요. 머리도 아프고, 몸도 뻐근해요.

병원에는 안 가도 되겠어요?

하하

네, 괜찮아요. 푹 자면 좋아질 것 같아요.

음악이라도 들으면서 릴랙스 하는 게 어때요?

지금 바로 집에 가도 될까요?

그러네요. 빨리 집에 가서 쉬어요.

Dialogue

Track 04-01

美香　　どうしたんですか？顔色が悪いですね。

ジュンス　面接を前にして、ちょっと無理しちゃって。頭も痛いし、体もだるいです。

美香　　それは大変ですね。病院には行かなくてもいいですか？

ジュンス　はい。大丈夫です。たぶんぐっすり寝たら良くなると思います。

美香　　じゃ、今日は何もしないで、音楽でも聞きながらリラックスしたらどうですか。

ジュンス　ありがとうございます。それじゃ、今すぐ家に帰ってもいいですか。

美香　　え？そうですね。早く家に帰って休んだ方がいいですね。じゃ、またね。お大事に。

낱말과 표현

顔色 안색	病院 병원	～でも ～라도	早く 빨리
悪い 나쁘다	行く 가다	聞く 듣다	休む 쉬다
面接 면접	大丈夫だ 심하다	～ながら ～하면서	～方がいい ~하는 편이 좋다
無理をする 무리하다	たぶん 아마	リラックスする 릴랙스하다	お大事に 몸조심하세요, 건강하세요
頭 머리	ぐっすり 푹	ありがとう 감사합니다	
痛い 아프다	寝る 자다	今すぐ 지금 곧, 바로	
体 몸	良くなる 좋아지다	家 집	
だるい 뻐근하다, 나른하다	思う 생각하다	帰る 돌아가다	
大変だ 큰일이다	音楽 음악		

01 동사 た형 **たら いいですか** ~하면 됩니까?

どうしたら いいですか。

日本に 着いてから だれに 連絡したら いいですか。

誕生日プレゼントに 何を 買ったら いいですか。

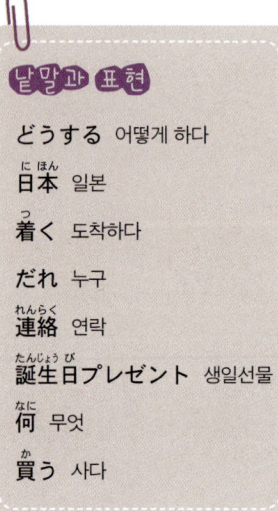

낱말과 표현

どうする 어떻게 하다
日本 일본
着く 도착하다
だれ 누구
連絡 연락
誕生日プレゼント 생일선물
何 무엇
買う 사다

02 동사 た형 **たら どうですか** ~하는 게 어떨까요?

先輩に 聞いたら どうですか。

一度 会って みたら どうですか。

パーマを かけて みたら どうですか。

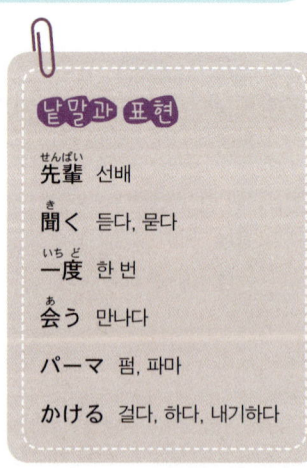

낱말과 표현

先輩 선배
聞く 듣다, 묻다
一度 한 번
会う 만나다
パーマ 펌, 파마
かける 걸다, 하다, 내기하다

Grammar

🎧 Track 04-02

 03 동사 た형 た 方^{ほう}が いい(です)　~하는 편이 좋다(좋습니다)

早^{はや}く 病院^{びょういん}に 行^いった 方^{ほう}が いいですよ。

少^{すこ}し 休^{やす}んだ 方^{ほう}が いいですよ。

漢字^{かんじ}を 覚^{おぼ}えた 方^{ほう}が いいです。

早^{はや}く	일찍, 빨리, 어서
病院^{びょういん}	병원
行^いく	가다
少^{すこ}し	조금
休^{やす}む	쉬다
漢字^{かんじ}	한자
覚^{おぼ}える	외우다

 04 동사 ます형 ながら　~면서(동시 동작)

ギターを 弾^ひきながら 歌^{うた}を 歌^{うた}います。

音楽^{おんがく}を 聞^ききながら 勉強^{べんきょう}します。

テレビを 見^みながら ご飯^{はん}を 食^たべます。

ギター	기타
弾^ひく	치다, 연주하다
歌^{うた}	노래
歌^{うた}う	노래 부르다
音楽^{おんがく}	음악
勉強^{べんきょう}	공부
ご飯^{はん}	밥

Grammar

 Track04-02

05 ～と 思_{おも}います ～라고 생각합니다

日本語能力試験_{にほんごのうりょくしけん}を 受_うけた 方_{ほう}が いいと 思_{おも}います。

電話_{でんわ}より メールの 方_{ほう}が いいと 思_{おも}います。

先生_{せんせい}に 聞_きいて みた 方_{ほう}が いいと 思_{おも}います。

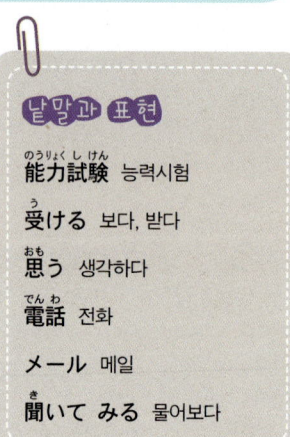

낱말과 표현

能力試験_{のうりょくしけん} 능력시험
受_うける 보다, 받다
思_{おも}う 생각하다
電話_{でんわ} 전화
メール 메일
聞_きいて みる 물어보다

Pattern practice

🎧 Track 04-03

A 보기와 같이 연습해 봅시다.

 보기

A : 友だちと けんかしました。
どうしたら いいですか。
B : 早く 仲直りしたら どうですか。

友だちと けんかした・早く 仲直りする

1 パソコンが 故障した・アフターサービスを 受ける

2 スタイルを 変えたい・髪を 短く 切る

3 好きな 人が いる・率直に 告白する

4 頭が 痛い・薬を 飲む

 낱말과 표현

けんかする 싸우다	スタイル 스타일	率直に 솔직하게
仲直りする 화해하다	変える 바꾸다	告白する 고백하다
パソコン 컴퓨터	髪 머리카락	痛い 아프다
故障する 고장 나다	短く 짧게	薬を 飲む 약을 먹다
アフターサービス 애프터 서비스	切る 자르다	

04 リラックスしたら どうですか。 **63**

🎧 Track 04-04

B

| 보기 | A：どうしたんですか。
B：ちょっと 頭が 痛いんです。
A：じゃ、薬を 飲んだ ほうが いいですよ。 | ちょっと 頭が 痛い・薬を 飲む |

1 お腹が 痛い・早く 病院に 行く

2 風邪気味だ・家に 帰って 休む

3 明日が 試験だ・図書館で 勉強する

4 カードを なくした・クレジットカード会社に 連絡する

낱말과 표현

どうしたんですか 왜 그러세요?	風邪気味 감기 기운	カード 카드
お腹 배	帰る 돌아가다	なくす 잃어버리다
病院 병원	休む 쉬다	クレジットカード 신용카드
	試験 시험	連絡する 연락하다

Pattern practice

 보기

インターネットをする・テレビを見る

インターネットを しながら テレビを 見ます。

1 鏡を 見る・歯を 磨く

2 音楽を 聞く・コーヒーを 飲む

3 動画を 見る・講義を 聞く

4 レシピを 見る・料理を 作る

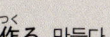 낱말과 표현

鏡 거울	講義 강의	作る 만들다
歯を 磨く 이를 닦다	レシピ 조리법, 요리법	
動画 동영상	料理 요리	

Check

어휘·문법

①~④ 중에서 가장 알맞은 것을 골라 O표 하세요.

1. カフェで コーヒーを ＿＿＿★＿＿＿ 音楽を 聞いて います。
   ① 飲みながら　② 飲むながら　③ 飲みたり　④ 飲んだり

2. A：頭が 痛いです。どうしたら いいですか。
   B：薬を ＿＿＿★＿＿＿ どうですか。
   ① 飲んだり　② 飲んだら　③ 飲みながら　④ 飲んたら

3. A：このごろ 太って 大変です。
   B：ダイエット ＿＿＿★＿＿＿ ほうが いいですよ。
   ① します　② する　③ した　④ しました

청취

🎧 Track 04-06

잘 듣고 ①~③ 중에서 질문의 답으로 가장 알맞은 것을 골라 O표 하세요.

1. 高橋さん、今 何を して いますか。
   ①　②　③

2. スタイルを 変えて みたいですが、どうしたら いいですか。
   ①　②　③

3. 日本の 会社に 就職したいんですが、どうしたら いいですか。
   ①　②　③

Kanji & Katakana

한자

だれ 誰 누구	だれ 誰	だれ 誰		
しごと 仕事 일	しごと 仕事	しごと 仕事		
ざっし 雑誌 잡지	ざっし 雑誌	ざっし 雑誌		
さいしん 最新 최신	さいしん 最新	さいしん 最新		
こごと 小言 잔소리	こごと 小言	こごと 小言		
あかじ 赤字 적자	あかじ 赤字	あかじ 赤字		

가타카나

ファッション 패션	ファッション	
マガジン 매거진	マガジン	
リーダー 리더	リーダー	

04 リラックスしたら どうですか。

권유형으로 말해보기

Track 04-07

보기

그림을 보면서 다음과 같이 이야기해 보세요.

A: もっと 楽しく 日本語の 勉強を したいです。どうしたら いいですか。
B: 日本の 音楽を 聞いたり 日本の 映画を 見たり したら どうですか。

日本に 遊びに 行く
일본에 놀러 가다

日本人の 友だちを 作る
일본인 친구를 만들다

日本の ドラマを 見る
일본 드라마를 보다

日本の アニメを 見る
일본 애니메이션을 보다

日本人と チャットする
일본인과 채팅하다

日本語で ツイッターを する
일본어로 트위터를 하다

日本語の 動画講義を 聞く
일본어 동영상 강의를 듣다

日本の 小説を 読む
일본 소설을 읽다

日本語で 日記を つける
일본어로 일기를 쓰다

日本語で メールを 書く
일본어로 메일을 쓰다

日本語で メモする
일본어로 메모하다

日本語で 電話する
일본어로 전화하다

日本語で 考える
일본어로 생각하다

日本の ニュースを 聞く
일본 뉴스를 듣다

日本の 雑誌を 見る
일본 잡지를 보다

怒らないで ください。
화내지 말아 주세요.

학습목표 각 품사의 부정형과 부정형과 관련된 표현 익히기

Dialogue

Track 05-01

ジュンス　どうしたんですか。とても真剣ですね。

美香　　　今回のコンサートチケット…
　　　　　絶対に逃してはいけないんです。

ジュンス　そうなんですか。何のコンサートですか。

美香　　　私が大好きな歌手のコンサートなんです。でも、チケット
　　　　　予約はまさに戦争。今回は必ず成功したいんです。

ジュンス　それは大変ですね。でも、こんなに緊張している美香さん
　　　　　初めてです。

美香　　　話しかけないでください。今、超集中モードなんです。

ジュンス　わ、わかりました。怒らないでください。怖いですよ。

낱말과 표현

真剣だ 진지하다	予約 예약	話しかける 말을 걸다
今回 이번	まさに 진짜로, 정말	超集中 초집중
コンサート 콘서트	戦争 전쟁	モード 모드
チケット 티켓	必ず 반드시	怒る 화내다
絶対に 절대로	成功 성공	怖い 무섭다
逃す 놓치다	大変だ 힘들다, 큰일이다	
歌手 가수	緊張 긴장	
大好きだ 매우 좋아하다	初めて 처음	

01 각 품사의 부정형(ない형)

① 동사의 부정형

1그룹 동사

어미 う단 ⇒ あ단 + ない	
기본형	ない형
行く 가다	行かない 가지 않다
泳ぐ 헤엄치다	泳がない 헤엄치지 않다
話す 이야기하다	話さない 이야기하지 않다
待つ 기다리다	待たない 기다리지 않다
死ぬ 죽다	死なない 죽지 않다
遊ぶ 놀다	遊ばない 놀지 않다
飲む 마시다	飲まない 마시지 않다
降る 내리다	降らない 내리지 않다
예외 う ⇒ わない　예 会う 만나다 ⇒ 会わない 만나지 않다　　　　　　　　　　　　吸う 피우다 ⇒ 吸わない 피우지 않다	

2그룹 동사

어간 + ない	
기본형	ない형
起きる 일어나다	起きない 일어나지 않다
見る 보다	見ない 보지 않다
食べる 먹다	食べない 먹지 않다
寝る 자다	寝ない 자지 않다

Grammar

🎧 Track 05-02

3그룹 동사

기본형	ない형
来(く)る 오다	来(こ)ない 오지 않다
する 하다	しない 하지 않다

② 명사의 부정형 : 명사 + では(じゃ) ない

日(に)本(ほん)人(じん)では(じゃ) ない。

恋(こい)人(びと)では(じゃ) ない。

낱말과 표현

恋(こい)人(びと) 애인

③ い형용사의 부정형 : い형용사 어간 + く ない

おいしく ない。

安(やす)く ない。

낱말과 표현

おいしい 맛있다
安(やす)い 싸다

④ な형용사의 부정형 : な형용사 어간 + では(じゃ) ない

親切(しんせつ)じゃ ない。

真面目(まじめ)じゃ ない。

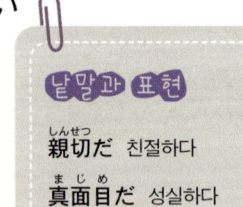

낱말과 표현

親切(しんせつ)だ 친절하다
真面目(まじめ)だ 성실하다

Grammar

🎧 Track05-02

02 동사 ないで ~지 않고, ~지 말고

昨日は 全然 寝ないで レポートを
書きました。

全然 勉強しないで 寝て しまいました。

泣かないで 私の 話を 聞いて ください。

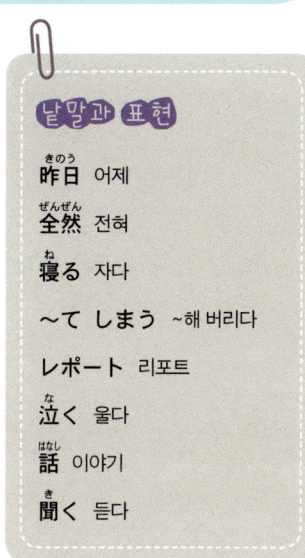

낱말과 표현

昨日 어제
全然 전혀
寝る 자다
~て しまう ~해 버리다
レポート 리포트
泣く 울다
話 이야기
聞く 듣다

03 동사 ないで ください ~지 말아 주세요

ここでは 写真を 撮らないで ください。

私を 忘れないで ください。

授業に 欠席しないで ください。

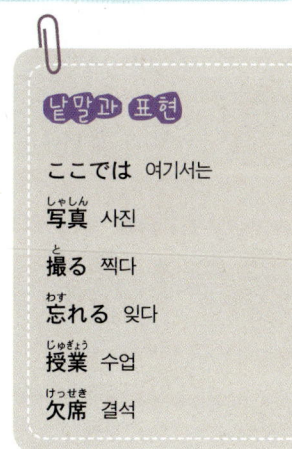

낱말과 표현

ここでは 여기서는
写真 사진
撮る 찍다
忘れる 잊다
授業 수업
欠席 결석

Grammar

🎧 Track05-02

04 동사 ない 方がいい ~지 않는 편이 좋다

タバコは 吸わない 方が いいです。

無理しない 方が いいです。

あまり 考えない 方が いいです。

낱말과 표현

タバコ 담배
吸う 피우다
無理だ 무리다
あまり 별로, 그다지
考える 생각하다

05 동사 てしまう(ちゃう) ~고 말다

ペットが 死んで しまいました。
(= 死んじゃいました。)

全部 食べて しまいました。
(= 食べちゃいました。)

試験に 落ちて しまった。(= 落ちちゃった)

낱말과 표현

ペット 반려동물
死ぬ 죽다
全部 전부
食べる 먹다
試験 시험
落ちる 떨어지다

Pattern practice

🎧 Track 05-03

A 보기와 같이 연습해 봅시다.

보기
あの、すみません。
タバコを 吸わないで ください。

タバコを 吸う

1 ガムを かむ

2 大きい 声で 話す

3 お酒を 飲む

4 いたずらを する

5 写真を 撮る

6 ここに 車を 止める

낱말과 표현

すみません 죄송합니다	声 목소리	いたずらを する 장난치다
ガム 껌	話す 이야기하다	写真 사진
かむ 물다, 씹다	お酒 술	撮る 찍다
大きい 크다, 큰	飲む 마시다	止める 세우다

B

Track 05-04

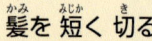

보기

A : 髪を 短く 切った 方が いいですか。
B : いいえ、短く 切らない 方が いいと 思います。

1 留学に 行く

2 あそこで 働く

3 恋人と 別れる

4 早く 結婚する

낱말과 표현

髪 머리카락	あそこ 저곳, 저기	早く 빨리
短く 짧게	働く 일하다	結婚する 결혼하다
切る 자르다	恋人 애인	
留学 유학	別れる 헤어지다	

Pattern practice

보기

A : どうしたんですか。
B : ペットが 死んじゃったんです。

ペットが 死ぬ

1. 大事な コップを 割る

2. 試験中 寝る

3. 会議に 遅れる

4. パソコンが 故障する

낱말과 표현

ペット 반려동물	割る 깨다	遅れる 늦다
死ぬ 죽다	試験中 시험 중	パソコン 컴퓨터
大事だ 소중하다, 중요하다	寝る 자다	故障する 고장 나다
コップ 컵	会議 회의	

Check

어휘·문법

①~④ 중에서 가장 알맞은 것을 골라 O표 하세요.

1. 明日は 試験ですから 今晩は ＿＿＿★＿＿＿ 勉強します。
   ① 寝ながら ② 寝ないで ③ 遊びながら ④ 食べないで

2. A: 彼に 話した ほうが いいですか。
   B: いいえ、まだ ＿＿＿★＿＿＿ ほうが いいと 思います。
   ① 話す ② 話した ③ 話さない ④ 話し

3. A: どうしたんですか。
   B: 電車の 中で 財布を ＿＿＿★＿＿＿ んです。
   ① 忘れちゃった ② 忘れじゃった ③ 忘れて ④ 忘れて しまう

청취 🎧 Track 05-06

잘 듣고 ①~④ 중에서 질문의 답으로 가장 알맞은 것을 골라 O표 하세요.

1. 女の 人は 今日 何を しますか。
   ① 寝ないで 遊ぶ ② 寝ないで テレビを 見る
   ③ 寝ないで 勉強する ④ 寝ないで お酒を 飲む

2. 男の 人は 今日 どうしますか。
   ① お酒を 飲んで 家に 帰る ② お酒を 飲まないで 家に 帰る
   ③ お酒を 飲んで 家に 帰らない ④ お酒を 飲まないで 家に 帰らない

3. 女の 人は どうしますか。
   ① 会議に 行く ② 会議に 行かない ③ 家に 帰る ④ 食事に 行く

Kanji & Katakana

한자

せつやく 節約 절약	せつやく 節約	せつやく 節約		
けいかくてき 計画的 계획적	けいかくてき 計画的	けいかくてき 計画的		
じゅぎょう 授業 수업	じゅぎょう 授業	じゅぎょう 授業		
けっせき 欠席 결석	けっせき 欠席	けっせき 欠席		
おこる 怒る 화내다	おこる 怒る	おこる 怒る		

가타카나

ブランド 브랜드	ブランド	
レポート 리포트	レポート	
カード 카드	カード	

05 怒らないで ください。

어떤 선택을 하는 것이 좋을까요?

Track 05-07

보기

그림을 보면서 다음과 같이 이야기해 보세요.

A : 結婚した 方が いいですか。

B : はい、結婚した 方が いいですよ。
　　いいえ、結婚しない 方が いいですよ。

好きな 人に 告白する
좋아하는 사람에게 고백하다

図書館で 勉強する
도서관에서 공부하다

ダイエットする
다이어트하다

ペットを 飼う
반려동물을 기르다

家を 買う
집을 사다

大学院に 進学する
대학원에 진학하다

外国の 会社に 就職する
외국 회사에 취직하다

毎日 連絡する
매일 연락하다

秘密を 話す
비밀을 이야기하다

アルバイトする
아르바이트 하다

貯金する
저금하다

子供を 産む
아이를 낳다

親と いっしょに 住む
부모와 함께 살다

海外研修に 行く
해외 연수하러 가다

日本語能力試験を 受ける
일본어 능력시험을 치다

スーツを着なければなりませんね。

정장을 입어야겠네요.

학습목표 의무와 불필요, 목적 표현 익히기

Dialogue

Track 06-01

ジュンス　中村さん、明日の面接のことなんですが。

美香　はい。何ですか？面接は初めてでしょ？緊張しちゃいますね。

ジュンス　スーツを着た方がいいですよね。

美香　ああ、もちろんですよ。面接でスーツは基本ですよ。

ジュンス　そうですよね。やっぱりスーツを着なければなりませんね。

美香　まあ、第一印象は重要ですからね！私も初めての面接の時、服装に相当気を使いましたよ。

ジュンス　それで結果はどうでしたか？合格しましたか？

美香　いやいや、まさか！初めての面接なんて、ただの練習だと考えた方がいいですよ。

낱말과 표현

明日 내일	基本 기본	まさか 설마
面接 면접	第一印象 첫인상	ただの 단순한, 그냥
初めて 처음	重要 중요	練習 연습
緊張 긴장	服装 옷차림, 복장	考える 생각하다
着る 입다	気を使う 신경 쓰다	
～方がいい ~하는 게 좋다	結果 결과	
もちろん 물론	合格 합격	

01	～なければならない　～하지 않으면 안 된다
	～なければなりません　～하지 않으면 안 됩니다

① 명사 + で(じゃ)なければならない,
　　　　で(じゃ)なければなりません

この本(ほん)でなければならない。

彼女(かのじょ)じゃなければなりません。

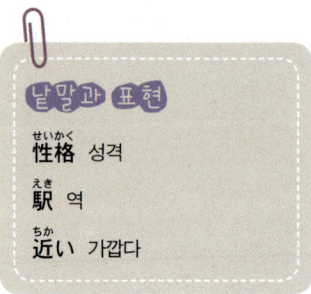

낱말과 표현
性格(せいかく) 성격
駅(えき) 역
近(ちか)い 가깝다

② い형용사 어간 + くなければならない,
　　　　　くなければなりません

性格(せいかく)が良(よ)くなければならない。

駅(えき)が近(ちか)くなければなりません。

Grammar

Track 06-02

③ な형용사 어간 + で(じゃ)なければならない,
　　　　　　　　で(じゃ)なければなりません

真面目でなければならない。

周りが静かじゃなければなりません。

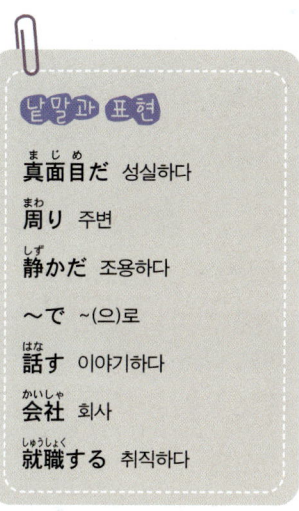

낱말과 표현

真面目だ　성실하다
周り　주변
静かだ　조용하다
〜で　〜(으)로
話す　이야기하다
会社　회사
就職する　취직하다

④ 동사 부정형 + なければならない,
　　　　　　　　なければなりません

日本語で話さなければならない。

いい会社に就職しなければなりません。

02 〜なくてもいい ~하지 않아도 된다
〜なくてもいいです ~하지 않아도 됩니다

① 명사 + で(じゃ)なくてもいい,
　　　　で(じゃ)なくてもいいです

高いプレゼントでなくてもいい。

有名な先生じゃなくてもいいです。

낱말과 표현
プレゼント 선물
有名だ 유명하다
背が高い 키가 크다
部屋 방
広い 넓다

② い형용사 어간 + くなくてもいい,
　　　　　　　 くなくてもいいです

背が高くなくてもいい。

部屋は広くなくてもいいです。

Grammar

🎧 Track 06-02

③ な형용사 어간 + で(じゃ)なくてもいい,
　　　　　　　で(じゃ)なくてもいいです

料理が上手でなくてもいい。

交通が便利じゃなくてもいいです。

④ 동사 부정형 + なくてもいい,
　　　　　　　なくてもいいです

時間があるから急がなくてもいい。

あまり心配しなくてもいいです。

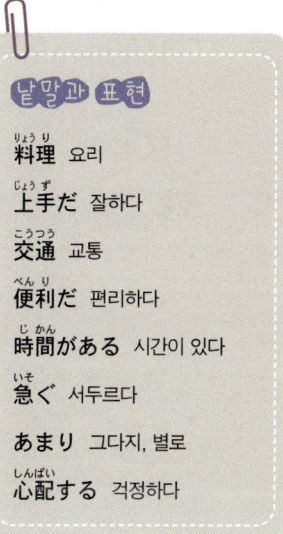

낱말과 표현

料理 요리
上手だ 잘하다
交通 교통
便利だ 편리하다
時間がある 시간이 있다
急ぐ 서두르다
あまり 그다지, 별로
心配する 걱정하다

Grammar

Track 06-02

03 〜ための〜　〜위한〜
　　　〜ために　〜위해서

将来のための準備をしなければなりません。

健康のために運動しなければなりません。

いい成績を取るためには一生懸命勉強しなければなりません。

ネイティブと日本語で話すために日本語の勉強をしています。

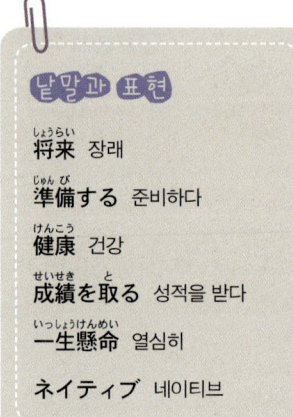

낱말과 표현

将来 장래
準備する 준비하다
健康 건강
成績を取る 성적을 받다
一生懸命 열심히
ネイティブ 네이티브

Pattern practice

Track 06-03

A 보기와 같이 연습해 보세요.

보기
A : 何をしなければなりませんか。
B : アルバイトに行かなければなりません。

アルバイトに行く

① レポートを書く

② 料理を作る

③ 試験を受ける

④ 書類を作成する

⑤ メールをチェックする

⑥ 9時までに学校に来る

낱말과 표현

レポート 리포트	試験を受ける 시험을 치다	メール 메일
料理 요리	書類 서류	チェックする 체크하다
作る 만들다	作成する 작성하다	

🎧 Track 06-04

 보기

A：結婚しなければなりませんか。

B：いいえ、結婚しなくてもいいです。

結婚する

1 お金を払う

2 写真を撮る

3 英語で話す

4 朝早く起きる

5 アプリをダウンロードする

6 試験に合格する

낱말과 표현

お金 돈	起きる 일어나다	試験 시험
払う 지불하다	アプリ 앱	合格する 합격하다
写真を撮る 사진을 찍다	ダウンロードする 다운로드하다	
朝早く 아침 일찍		

Pattern practice

Track 06-05

보기

A: 何のために日本語の勉強をしていますか。
B: 日本語で小説を読むために勉強しています。

日本語で小説を読む

1 日本に留学する

2 日本の会社に入る

3 日本のドラマを字幕なしで見る

4 日本人の友だちと日本語で話す

5 いい会社に就職する

6 日本語能力試験を受ける

낱말과 표현

小説 소설	字幕 자막	日本語能力試験 일본어능력시험
留学 유학	なし 없음	受ける (시험 등을) 보다, 치다
ドラマ 드라마	就職する 취직하다	

 Check

> 어휘·문법

> ①~④ 중에서 가장 알맞은 것을 골라 O표 하세요.

1 レポートを＿＿＿★＿＿＿なければなりません。
① 書き   ② 書か   ③ 書く   ④ 書こ

2 さしみは＿＿＿★＿＿＿なければなりません。
① 新鮮   ② 新鮮で   ③ 新鮮に   ④ 新鮮な

3 家族＿＿＿★＿＿＿一生懸命働いています。
① ために   ② ための   ③ のために   ④ ため

> 청취

Track 06-06

> 잘 듣고 ①~④ 중에서 질문의 답으로 가장 알맞은 것을 골라 O표 하세요.

1 面接でスーツを着なければなりませんか。
① はい、着なければなりません   ② いいえ、着なくてもいいです
③ はい、着なくてもいいです   ④ いいえ、着てはいけません

2 キムさんは＿＿＿＿＿から家に早く帰ります。
① 仕事をしなければならない   ② 明日の朝会議がある
③ 他の友だちがいない   ④ 体の調子が悪い

3 この会社は＿＿＿＿＿＿＿＿。
① 土曜日に仕事をする   ② 9時に仕事を始める
③ 9時前に会社に来る   ④ 土曜日は働かなくてもいい

Kanji & Katakana

한자

とうぜん 当然 당연	とうぜん 当然	とうぜん 当然		
ちこく 遅刻 지각	ちこく 遅刻	ちこく 遅刻		
せいかく 性格 성격	せいかく 性格	せいかく 性格		
じゅんび 準備 준비	じゅんび 準備	じゅんび 準備		
けんこう 健康 건강	けんこう 健康	けんこう 健康		
せいせき 成績 성적	せいせき 成績	せいせき 成績		

가타카나

スーツ 슈트	スーツ	
ビジュアル 비주얼	ビジュアル	
エステ 에스테, 전신 미용	エステ	

06 スーツを着なければなりませんね。

오늘 무엇을 해야 합니까?

Track 06-07

보기

그림을 보면서 다음과 같이 이야기해 보세요.

会社に行かなければなりませんか。
- はい、行かなければなりません。
- いいえ、行かなくてもいいです。

手紙を書く
편지를 쓰다

レポートを出す
리포트를 내다

お酒を飲む
술을 마시다

スーツを着る
수트를 입다

部屋の掃除をする
방 청소를 하다

料理を作る
요리를 만들다

 톡톡 어휘

試験を受ける
시험을 치다

残業する
야근하다, 잔업하다

図書館で本を借りる
도서관에서 책을 빌리다

朝早く起きる
아침 일찍 일어나다

プレゼントを買う
선물을 사다

日本語の勉強をする
일본어 공부를 하다

結婚式に行く
결혼식에 가다

薬を飲む
약을 먹다

タバコを止める
담배를 끊다

unit 07 いつでもドライブができます。

언제든지 드라이브할 수 있습니다.

학습목표 기능 동사와 추측 표현 익히기

Dialogue

Track 07-01

アリョ	ジュンス先輩！ジュンス先輩！
ジュンス	どうしたの、アリョ？
アリョ	私、ついに運転免許を取ったんです。 昨日車も買って、いつでもドライブができます。
ジュンス	すごい！おめでとう。
アリョ	あの…。それで先輩にお願いがあるんですが。
ジュンス	いいよ。何？
アリョ	今すぐ運転するのはまだ危険だろうと思うので、先輩に運転教えてほしいんです。
ジュンス	ごめん！信じられないかもしれないけど、僕まだ免許がないんだ。

낱말과 표현

どうしたの 무슨 일이야?	できる 할 수 있다	～だろう ~이겠지
ついに 드디어	すごい 굉장하다	～と思う ~라고 생각하다
運転 운전	おめでとう 축하해	ごめん 미안
免許を取る 면허를 따다	お願い 부탁	信じる 믿다
車 차	今すぐ 지금 바로	
ドライブ 드라이브	危険だ 위험하다	

01 가능 표현

① 명사 + ができる

私(わたし)は運転(うんてん)ができます。

水泳(すいえい)ができます。

ここでは撮影(さつえい)ができません。

② 동사 기본형 + ことができる

日本語(にほんご)で話(はな)すことができます。

無料(むりょう)で動画(どうが)を見(み)ることができます。

図書館(としょかん)は夜(よる)10時(じ)まで利用(りよう)することができます。

③ 동사 가능형

ここでは安(やす)い値段(ねだん)でショッピングが楽(たの)しめます。

彼(かれ)の話(はなし)は信(しん)じられません。

内容(ないよう)が難(むずか)しくて、理解(りかい)できません。

明日(あした)は来(こ)られません。

낱말과 표현

- 水泳(すいえい) 수영
- 撮影(さつえい) 촬영
- 無料(むりょう) 무료
- 動画(どうが) 동영상
- 利用(りよう) 이용
- 値段(ねだん) 가격
- 話(はなし) 이야기
- 内容(ないよう) 내용
- 理解(りかい) 이해

Grammar

 Track 07-02

1그룹 동사의 가능형

う단 ⇒ え단 +る	
기본형	가능형
買う 사다	買える 살 수 있다
行く 가다	行ける 갈 수 있다
泳ぐ 헤엄치다	泳げる 헤엄칠 수 있다
話す 이야기하다	話せる 이야기할 수 있다
待つ 기다리다	待てる 기다릴 수 있다
死ぬ 죽다	死ねる 죽을 수 있다
飛ぶ 날다	飛べる 날 수 있다
飲む 마시다	飲める 마실 수 있다
座る 앉다	座れる 앉을 수 있다

2그룹 동사의 가능형

る ⇒ られる	
기본형	가능형
起きる 일어나다	起きられる 일어날 수 있다
信じる 믿다	信じられる 믿을 수 있다
教える 가르치다	教えられる 가르칠 수 있다
覚える 기억하다	覚えられる 기억할 수 있다

3그룹 동사의 가능형

기본형	가능형
来る 오다	来られる 올 수 있다
する 하다	できる 할 수 있다

Grammar

Track07-02

02 ～だろう ～이겠지
      ～でしょう ～이겠지요

彼はここに来るだろうと思います。

彼女の夢は叶うでしょう。

明日は晴れるでしょう。

낱말과 표현
～と思う ~라고 생각하다
夢 꿈
叶う 이루어지다
晴れる (날씨가) 개다

03 ～かもしれない   ～일지도 모른다
      ～かもしれません ～일지도 모릅니다

試験に落ちたかもしれない。

彼は来ないかもしれません。

あの二人は付き合っているかもしれません。

낱말과 표현
落ちる 떨어지다
付き合う 사귀다

Pattern practice

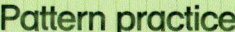

 보기와 같이 연습해 봅시다.

A : この漢字(かんじ)が読(よ)めますか。
B : はい、読(よ)めます。 / いいえ、読(よ)めません。

この漢字(かんじ)を読(よ)む

① 中国語(ちゅうごくご)を話(はな)す

② 日本(にほん)の歌(うた)を歌(うた)う

③ 漢字(かんじ)を書(か)く

④ ホームページを作(つく)る

⑤ 日本語(にほんご)でレポートを書(か)く

⑥ 通訳(つうやく)をする

낱말과 표현

漢字(かんじ) 한자　　作(つく)る 만들다　　通訳(つうやく) 통역
ホームページ 홈페이지　　レポート 리포트

B

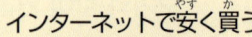
インターネットで安く買う

보기
A：インターネットで安く買うことができます。
B：そうですね。安く買えますね。

1　コーヒーショップでおいしいコーヒーを飲む

2　郵便局で小包を送る

3　図書館で本を借りる

4　コンビニでお弁当を食べる

5　公園で散歩する

6　自転車で来る

낱말과 표현

インターネット 인터넷	送る 보내다	公園 공원
安く 싸게	図書館 도서관	散歩する 산책하다
コーヒーショップ 커피숍	借りる 빌리다	自転車 자전거
郵便局 우체국	コンビニ 편의점	
小包 소포	お弁当 도시락	

Pattern practice

🎧 Track07-05

보기

A : 彼は来られるでしょうか。
B : 来られないかもしれません。

1. いい人に会える

2. 留学に行ける

3. 彼女は料理が作れる

4. この服が着られる

5. 今年入社できる

6. あの二人は結婚できる

낱말과 표현

留学 유학	服 옷	今年 올해
料理 요리	着る 입다	入社 입사

Check

어휘·문법

①~④ 중에서 가장 알맞은 것을 골라 O표 하세요.

1. 郵便局で小包を＿＿＿★＿＿＿ことができます。
   ① 送る　　② 送り　　③ 送った　　④ 送って

2. この漢字は難しくて＿＿＿★＿＿＿。
   ① 読みません　② 読めません　③ 読まません　④ 読もません

3. 服が小さくて＿＿＿★＿＿＿かもしれません。
   ① 着る　　② 着ない　　③ 着られない　　④ 着らない

Track 07-06

청취

잘 듣고 ①~④ 중에서 질문의 답으로 가장 알맞은 것을 골라 O표 하세요.

1. キムさんは英語が＿＿＿＿＿＿＿＿＿＿。
   ① とても上手だ　　　② 全然できない
   ③ 読むことができる　④ 話すことができる

2. 池田さんは＿＿＿＿＿＿＿＿＿＿＿。
   ① 料理ができない　　　② どんな料理でもできる
   ③ 簡単な料理ができる　④ 簡単な料理もできない

3. 先輩は＿＿＿＿＿＿＿＿＿＿。
   ① 約束を忘れているかもしれない　② 約束を忘れているだろう
   ③ 約束を忘れていないだろう　　　④ 約束を忘れていた

Kanji & Katakana

한자

うんてん 運転 운전	うんてん 運転	うんてん 運転		
めんきょ 免許 면허	めんきょ 免許	めんきょ 免許		
むりょう 無料 무료	むりょう 無料	むりょう 無料		
りょう 利用 이용	りょう 利用	りょう 利用		
ねだん 値段 값	ねだん 値段	ねだん 値段		
つうやく 通訳 통역	つうやく 通訳	つうやく 通訳		

가타카나

ボーリング 볼링	ボーリング	
スノーボード 스노보드	スノーボード	
コンビニ 편의점	コンビニ	

무엇을 할 수 있나요?

Track 07-07

보기

그림을 보면서 다음과 같이 이야기해 보세요.

A：ゴルフができますか。
B：はい、できます。
　　いいえ、できません。

料理
요리

編み物
뜨개질

釣り
낚시

コンピューターゲーム
컴퓨터 게임

サイクリング
사이클링

ビリヤード
당구

スカッシュ
스쿼시

スキー
스키

ボーリング
볼링

スノーボード
스노보드

ゴルフ
골프

すいえい
水泳
수영

ヨガ
요가

アイススケート
아이스 스케이트

コスプレ
코스튬 플레이

unit 08

日本へ留学に行くつもりです。

일본에 유학하러 갈 예정입니다.

학습목표 의지형 익히기

Dialogue

Track 08-01

ジュウォン	中村さんはいつまで韓国にいる予定ですか。
美香	ここの生活が気に入ってなるべく長くいたいんですけど。多分来年には日本に帰らなければならないと思います。
ジュウォン	そうですか。実は僕も今年いっぱいまで働いて、日本へ留学に行こうと思っています。
美香	急な話ですね。
ジュウォン	将来のために勇気を出して人生の計画を立て直すつもりです。
美香	すごいですね。私は真剣に自分の将来を考えたことがなくて…。
ジュウォン	大丈夫。中村さんの心配は僕がしますから、全て僕に任せてください。

낱말과 표현

いつまで 언제까지	実は 실은	計画 계획
予定 예정	今年いっぱい 올해 말	立て直す 새롭게 세우다
生活 생활	働く 일하다	真剣に 진지하게
気に入る 마음에 들다	留学 유학	考える 생각하다
なるべく 가능한 한	急だ 갑작스럽다	大丈夫 괜찮아(요) (「大丈夫だ」의 구어체)
長く 길게, 오랫동안	話 이야기	
多分 아마	将来 장래	全て 모두
来年 내년	勇気を出す 용기를 내다	任せる 맡기다
帰る 돌아가다	人生 인생	

01 의지와 예정 표현

① 동사 기본형 + つもりだ　~할 생각이다

夏休みに語学研修に行くつもりだ。

大学院に進学しないで就職するつもりです。

② 동사 ない형 + つもりだ　~하지 않을 생각이다

もう二度と彼とは会わないつもりだ。

当分アルバイトはしないつもりです。

③ 동사 기본형 + 予定だ　~할 예정이다

飛行機は午前9時に出発する予定です。

先生との面談は午後3時にある予定です。

④ 동사 의지형 + と思う　~하려고 한다

日本へ留学に行こうと思っている。

日本語能力試験を受けようと思っています。

いろいろな仕事にチャレンジしてみようと思っています。

낱말과 표현

- 語学研修 어학연수
- 大学院 대학원
- 進学する 진학하다
- 就職する 취직하다
- もう二度と 두 번 다시
- 当分 당분간
- 飛行機 비행기
- 出発する 출발하다
- ~との ~와/과의
- 面談 면담
- いろいろな 여러 가지
- 仕事 일
- チャレンジする 도전하다, 챌린지하다

Grammar

 Track 08-02

1그룹 동사의 의지형

う단 ⇒ お단 + う	
기본형	의지형
買う 사다	買おう 사자
行く 가다	行こう 가자
泳ぐ 헤엄치다	泳ごう 헤엄치자
話す 이야기하다	話そう 이야기하자
待つ 기다리다	待とう 기다리자
死ぬ 죽다	死のう 죽자
飛ぶ 날다	飛ぼう 날자
飲む 마시다	飲もう 마시자
帰る 돌아가다	帰ろう 돌아가자

2그룹 동사의 의지형

어간 +よう	
기본형	의지형
起きる 일어나다	起きよう 일어나자
信じる 믿다	信じよう 믿자
教える 가르치다	教えよう 가르치자
覚える 기억하다	覚えよう 기억하자

3그룹 동사의 의지형

기본형	의지형
来る 오다	来よう 오자
する 하다	しよう 하자

Grammar

Track 08-02

02 복합 동사

直す 다시 (고쳐) ~하다	考え直す 다시 생각하다 やり直す 다시 하다
やすい ~기 쉽다	書きやすい 쓰기 쉽다 覚えやすい 기억하기 쉽다
にくい ~기 어렵다	作りにくい 만들기 어렵다 着にくい 입기 어렵다
すぎる 지나치게 ~하다	食べすぎる 지나치게 먹다, 과식하다 飲みすぎる 지나치게 마시다, 과음하다
出す 갑자기 ~하다	泣き出す 갑자기 울다 笑い出す 갑자기 웃다

彼との結婚をもう一度考え直そうと思う。

この単語帳は覚えやすい。

このコートは着にくいです。

お酒は飲みすぎない方がいいです。

彼女は突然泣き出したり、笑い出したりします。

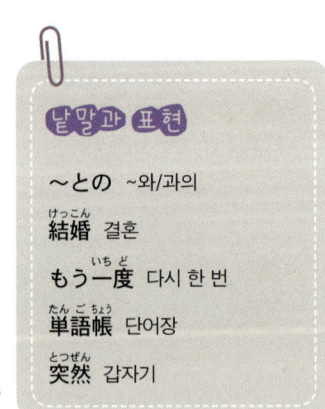

낱말과 표현

~との ~와/과의
結婚 결혼
もう一度 다시 한 번
単語帳 단어장
突然 갑자기

Pattern practice

Track 08-03

A 보기와 같이 연습해 봅시다.

보기
アルバイトをするつもりです。
アルバイトをしないつもりです。
アルバイトをする

1 家を買う

2 エステに行く

3 朝早く家を出る

4 日本語能力試験を受ける

5 早く結婚する

6 図書館に来る

낱말과 표현

エステ 에스테, 전신 미용　　**家を出る** 집을 나서다　　**結婚する** 결혼하다
朝早く 아침 일찍　　**試験を受ける** 시험을 치다　　**図書館** 도서관

보기

A：今度の週末に何をしようと思っていますか。
B：<u>友だちに会おうと思っています</u>。

友だちに会う

■1 ドライブに行く   ■2 小説を読む

■3 映画を見る   ■4 恋人とデートする

■5 図書館で勉強する   ■6 学校に来る

낱말과 표현

今度 이번	小説 소설	恋人 애인
週末 주말	読む 읽다	デートする 데이트하다
ドライブ 드라이브	映画 영화	

Pattern practice

 Track 08-05

卒業後, 進学する

보기
A : 卒業後私は進学するつもりです。
B : 私も進学しようと思っています。

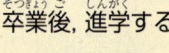

1. 来月から, 中国語を習う

2. 来年, 日本に行く

3. 再来月, 引っ越す

4. 明日から, 朝早く起きる

5. 再来年, 結婚する

6. 今日から, ダイエットする

낱말과 표현

卒業後 졸업 후	習う 배우다	引っ越す 이사하다
進学する 진학하다	来年 내년	再来年 내후년
来月 다음 달	再来月 다다음달	ダイエットする 다이어트하다

Check

어휘·문법

①~④ 중에서 가장 알맞은 것을 골라 O표 하세요.

1. A : 今度の週末に予定がありますか。
   B : 友だちに＿＿＿★＿＿＿と思っています。
   ① 会うつもり　② 会おう　③ 会う　④ 会い

2. 来月試験を＿＿＿★＿＿＿と思っています。
   ① 受ける　② 受けよう　③ 受けるつもり　④ 受けろう

3. 飛行機は朝9時に出発する＿＿＿★＿＿＿です。
   ① つもり　② 予定　③ 予想　④ 計画

청취

Track 08-06

잘 듣고 ①~③ 중에서 질문의 답으로 가장 알맞은 것을 골라 O표 하세요.

1. キムさんは今年の日本語の試験を受けようと思っていますか。
   ①　②　③

2. 鈴木さんはいつまで韓国にいるつもりですか。
   ①　②　③

3. 会議はいつですか。
   ①　②　③

Kanji & Katakana

한자

よてい 予定 예정	よてい 予定	よてい 予定		
まかせる 任せる 맡기다	まかせる 任せる	まかせる 任せる		
せいかつ 生活 생활	せいかつ 生活	せいかつ 生活		
たぶん 多分 아마	たぶん 多分	たぶん 多分		
りゅうがく 留学 유학	りゅうがく 留学	りゅうがく 留学		
ゆうき 勇気 용기	ゆうき 勇気	ゆうき 勇気		
まかせる 任せる 맡기다	まかせる 任せる	まかせる 任せる		
しゅっぱつ 出発 출발	しゅっぱつ 出発	しゅっぱつ 出発		

가타카나

| チャレンジ 도전, 챌린지 | チャレンジ | |
| ダイエット 다이어트 | ダイエット | |

어떤 계획을 가지고 있나요?

Track 08-07

보기

그림을 보면서 다음과 같이 이야기해 보세요.

留学に行くつもりですか。

- はい、留学に行くつもりです。

- いいえ、留学に行かないつもりです。

大学に入る
대학교에 들어가다

大学院に進学する
대학원에 진학하다

会社に就職する
회사에 취직하다

会社をやめる
회사를 그만두다

卒業論文を書く
졸업논문을 쓰다

卒業試験を受ける
졸업시험을 치다

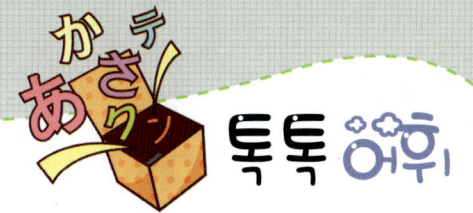

恋愛結婚をする
연애결혼을 하다

お見合い結婚をする
중매결혼을 하다

子供を産む
아이를 낳다

家を買う
집을 사다

海外旅行に行く
해외여행을 가다

親といっしょに住む
부모님과 함께 살다

一人で住む
혼자 살다

ペットを飼う
반려동물을 키우다

ボランティアをする
봉사활동을 하다

unit 09 ロトに当たったら何がしたいですか。

로또에 당첨되면 무엇을 하고 싶습니까?

학습목표 가정 표현 익히기

Dialogue

Track 09-01

美香　　ジュンスさん、もしロトに当たったら何がしたいですか。一生働かなくてもいいくらいのお金があれば、何をしますか？

ジュンス　そうですね、本当に夢のような話ですね。お金があれば、たぶんお金の心配などしないで働くでしょう。お金があっても、仕事は一生続けると思います。仕事は、お金以上の意味があるんですからね。

美香　　そうですか？私はもしロトに当たったら、すぐに会社を辞めて世界一周旅行に行くと思いますよ！世界中の素敵な国々で、おいしいものを思いっきり食べて、ショッピングもいっぱいして…。

ジュンス　それなら、美香さんはもうロトに当たったと思ったらどうですか。いつもおいしいもの食べて、ショッピングもしてますから。

美香　　あら、私のこと、よく知っていますね。

낱말과 표현

ロト 로또	夢 꿈	会社 회사	国々 나라들
当たる 당첨되다	話 이야기	辞める 그만두다	おいしい 맛있는
一生 평생	心配 걱정	世界一周旅行 세계 일주 여행	食べる 먹다
働く 일하다	続ける 계속하다	世界中 세계 곳곳, 전 세계	ショッピング 쇼핑
くらい 정도	仕事 일	素敵 멋진	いっぱい 많이, 실컷
お金 돈	意味 의미		知っている 알고 있다

01　〜ば　〜(하)면

① 동사 え단 + ば

時間とお金があれば、海外旅行に行きたいです。

ここに行けばあなたもファッショニスタになれます。

地下鉄で行けば、間に合うでしょう。

毎日練習すれば、上手になるでしょう。

② い형용사 어간 + ければ

値段が安ければ買います。

質問がなければ、授業を終えます。

天気が良ければ、ここから富士山が見えます。

＊部屋が静かでなければ、ぐっすり眠れません。

낱말과 표현

ファッショニスタ 패셔니스타
間に合う 시간에 늦지 않게 대다
毎日 매일
質問 질문
終える 끝내다
天気 날씨
富士山 후지산
ぐっすり 푹

Grammar

③ 조동사 어간 (동사형 え단 + ば, い형용사 어미형 어간 + ければ)

やってみれば、わかるでしょう。

食べたくなければ食べなくてもいいです。

会いたければ、電話してみたらどうですか。

友だちの結婚式にどんな服を着ていけばいいでしょうか。

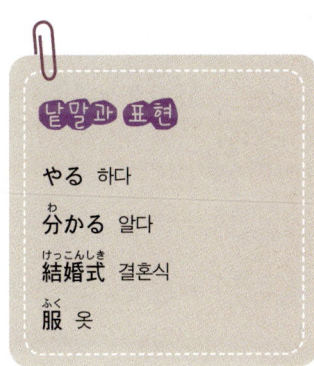

낱말과 표현

やる 하다
分かる 알다
結婚式 결혼식
服 옷

02 〜たら　〜(하)면

① 동사 た형 + ら

授業が終わったら、遊びに行きましょう。

日本に着いたら、連絡ください。

気になることがあったら、いつでも相談してください。

낱말과 표현
- 着く 도착하다
- 連絡する 연락하다
- 気になる 마음이 쓰이다
- いつでも 언제나
- 相談する 상담하다

② い형용사 た형 + ら

よかったら、一緒に行きましょうか。

気分が悪かったら、少し横になってください。

낱말과 표현
- 気分が悪い 몸이 안 좋다, 몸이 아프다
- 少し 조금
- 横になる 눕다

Grammar

③ な형용사 た형 + ら

暇だったら、ちょっと手伝ってください。

心配だったら、電話してみてください。

④ 명사 + だったら

この話がうそだったらどうしますか。

橋本先生だったらそうしなかったでしょう。

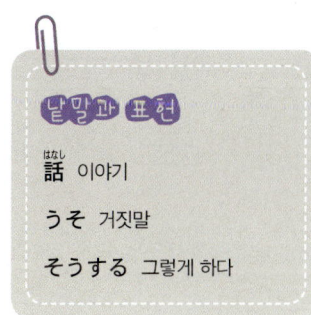

Grammar

🎧 Track 09-02

03 ～と ～(하)면

① 동사 기본형 + と

この道を真っ直ぐ行くと駅があります。

クリックするとニュースの内容が見られます。

1に2を足すと3になります。

낱말과 표현
- 道 길
- 真っ直ぐ 곧장, 똑바로
- 駅 역
- クリックする 클릭하다
- ニュース 뉴스
- 内容 내용
- 足す 더하다

② 동사 ない형 + と

明日までに願書を出さないと入学できません。

勉強しないと成績が落ちます。

お金を入れないと切符は出ません。

낱말과 표현
- 願書 원서
- 出す 내다
- 入学 입학
- 成績 성적
- 落ちる 떨어지다
- 入れる 넣다
- 切符 표
- 出る 나오다

 **Pattern practice**

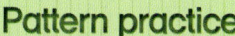

A 보기와 같이 연습해 봅시다.

 機会がある・留学に行く
機会があれば留学に行きたいです。

1. お金がある・海外旅行に行く

2. 雨が降る・家にいる

3. 試験に合格する・おごる

4. 天気がいい・ドライブに行く

낱말과 표현

機会 기회	海外旅行 해외여행	合格する 합격하다
留学 유학	試験 시험	おごる 한턱내다

B

Track 09-04

보기 授業が終わったら学科事務室に来てください。

授業が終わる・学科事務室に来る

1. スケジュールが決まる・連絡する

2. 映画が始まる・話さない

3. 日本に着く・電話する

4. よく分からない・質問する

낱말과 표현

授業 수업	決まる 정해지다	分からない 모르다
終わる 끝나다	連絡する 연락하다	質問する 질문하다
学科事務室 학과 사무실	始まる 시작되다	
スケジュール 스케줄	着く 도착하다	

Pattern practice

🎧 Track 09-05

C

보기

たくさん食べる・太る

たくさん食べると太ります。

1. スイッチを押す・電気がつく

2. ホームページに入る・写真が見られる

3. この道を真っ直ぐ行く・駅がある

4. 角を曲がる・病院が見える

낱말과 표현

たくさん 많이	電気がつく 전기가 켜지다	真っ直ぐ 곧장, 똑바로
太る 살찌다	ホームページ 홈페이지	駅 역
スイッチ 스위치	写真 사진	角を曲がる 모퉁이를 돌다
押す 누르다	見られる 볼 수 있다	病院 병원

Check

어휘·문법

①~④ 중에서 가장 알맞은 것을 골라 O표 하세요.

1. おいしく_____★_____食べなくてもいいです。
   ① なければ   ② なれば   ③ なかれば   ④ なけば

2. ボタンを_____★_____ドアが開きます。
   ① 押すと   ② 押せと   ③ 押さと   ④ 押しと

3. 試験が_____★_____遊びに行きましょう。
   ① 終わったら   ② 終あったら   ③ 終かったら   ④ 終らったら

청취

Track 09-06

잘 듣고 ①~④ 중에서 질문의 답으로 가장 알맞은 것을 골라 O표 하세요.

1. ハイキングは_____。
   ① 晴れれば行く   ② 雨が降っても行く
   ③ 来週行く   ④ 雨で行かない

2. コピーは_____。
   ① 緑のボタンを押す   ② 赤いボタンを押す
   ③ 緑のボタンを押して赤いボタンを押す   ④ 赤いボタンを押して緑のボタンを押す

3. 車の窓を開けるためにはどのボタンを押せばいいですか。
   ① 小さい白いボタン   ② 白いボタン
   ③ 小さい黒いボタン   ④ 黒いボタン

Kanji & Katakana

한자

いっしょう 一生 일생	いっしょう 一生	いっしょう 一生		
ひつよう 必要 필요	ひつよう 必要	ひつよう 必要		
れんしゅう 練習 연습	れんしゅう 練習	れんしゅう 練習		
てんき 天気 날씨	てんき 天気	てんき 天気		
えき 駅 역	えき 駅	えき 駅		
そうだん 相談 상담	そうだん 相談	そうだん 相談		
べんきょう 勉強 공부	べんきょう 勉強	べんきょう 勉強		

가타카나

ロト 로또	ロト	
ドライブ 드라이브	ドライブ	

09 ロトに当たったら何がしたいですか。

로또에 당첨되면 무엇을 하고 싶어요?

🎧 Track 09-07

보기

그림을 보면서 다음과 같이 이야기해 보세요.

A : ロトに当^あたったら何^{なに}がしたいですか。
B : 海外旅行^{かいがいりょこう}に行^いきたいです。

かいがいりょこう い
海外旅行に行く
해외여행을 가다

いえ た
家を建てる
집을 짓다

ぜんぶ ちょきん
全部貯金する
전부 저금하다

ぜんがく き ふ
全額寄付する
전액 기부하다

りょうしん
両親にあげる
부모님에게 드리다

えい が せいさく
映画を製作する
영화를 제작하다

톡톡 어휘

会社を設立する
회사를 설립하다

株を買う
주식을 사다

仕事を辞める
일을 그만두다

世界一周する
세계 일주하다

宝石を買う
보석을 사다

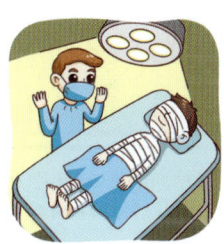

全身整形手術をする
전신 성형수술을 하다

ビルを買う
빌딩을 사다

恋人のために使う
애인을 위해 쓰다

別荘を買う
별장을 사다

09 ロトに当たったら何がしたいですか。 **135**

unit 10 キャンディーブーケを作ってあげたらどうですか。

사탕부케를 만들어 주면 어떻습니까?

학습목표 수수 동사와 조건 표현 익히기

Dialogue

Track 10-01

ジュンス　アリョからバレンタインのプレゼントをもらったんですが、ホワイトデーに何をあげたらいいでしょうか。

美香　インターネットで検索してみたらどうですか。

ジュンス　インターネットで検索して選んだプレゼントより心のこもったプレゼントをあげた方がいいと思って。

美香　じゃあ、キャンディーブーケを作ってあげたらどうですか。ジュンスさんの手作りなら、アリョさんすごく感動すると思いますよ。

ジュンス　キャンディーブーケ！いいアイデアですね。ありがとう。

美香　せっかくだから私のも一つ作ってくださいね。

ジュンス　ああ、ええ…。

낱말과 표현

バレンタイン 밸런타인	選ぶ 고르다	～なら ～(이)라면
プレゼント 선물	心のこもる 정성이 담기다	すごく 굉장히
もらう 받다	じゃあ 그럼	感動する 감동하다
ホワイトデー 화이트데이	キャンディーブーケ 사탕부케	アイデア 아이디어
あげる 주다	作る 만들다	せっかくだから 이왕이면
検索する 검색하다	手作り 수제, 손수 만든 것	ええ 네

01 수수 표현 ①

① 동식물, 아랫사람 에 명사를 やる　　～에게 ～을/를 주다
　친구(동격의 사람) 에 명사를 あげる　～에게 ～을/를 주다
　윗사람 에 명사를 さしあげる　　　～께 ～을/를 드리다

毎日ペットにえさをやります。

妹の誕生日にかわいいバッグをやりました。

友だちにコンサートのチケットをあげました。

彼氏に手作りバレンタインチョコをあげました。

中村さんのお母様にお花をさしあげました。

先生に国のお土産をさしあげようと思っています。

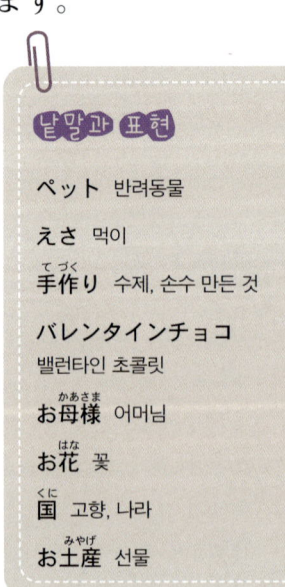

낱말과 표현

ペット 반려동물

えさ 먹이

手作り 수제, 손수 만든 것

バレンタインチョコ 밸런타인 초콜릿

お母様 어머님

お花 꽃

国 고향, 나라

お土産 선물

Grammar

🎧 Track 10-02

② 친구(동격의 사람)が 명사を くれる　～이/가 ～을/를 주다
　 윗사람が 명사を くださる　　　　～께서 ～을/를 주시다

親友が誕生日のプレゼントに香水をくれました。

両親はクリスマスの日に何もくれませんでした。

先生はいい資料をくださいました。

これは先生がくださった本です。

낱말과 표현
親友　친구
香水　향수
資料　자료

③ 친구(동격의 사람)に/から 명사を もらう　～에게 ～을/를 받다
　 윗사람に/から 명사を いただく　　　　～께 ～을/를 받다

恋人にすてきな指輪をもらいました。

両親におこづかいをもらいました。

学長から賞をいただきました。

先生にすばらしいコメントをいただきました。

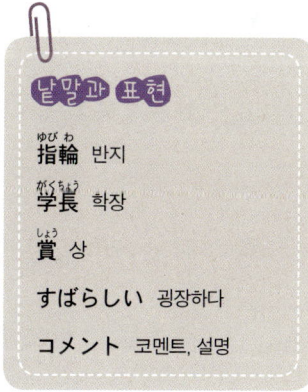

낱말과 표현
指輪　반지
学長　학장
賞　상
すばらしい　굉장하다
コメント　코멘트, 설명

02 수수 표현 ②

① ～てやる ～해 주다
　～てあげる ～해 주다

弟(おとうと)に財布(さいふ)を買(か)ってやりました。

ペットを散歩(さんぽ)に連(つ)れていってやりました。

彼女(かのじょ)にカフェで歌(うた)を歌(うた)ってあげました。

いいアイテムをチェックしてあげました。

友(とも)だちに資料(しりょう)をメールで送(おく)ってあげました。

낱말과 표현

財布(さいふ) 지갑

ペット 반려동물

散歩(さんぽ) 산책

連(つ)れていく 데리고 가다

アイテム 아이템

チェックする 확인하다, 체크하다

② ～てくれる ～해 주다
　～てくださる ～해 주시다

彼(かれ)はいつも私(わたし)のそばで見守(みま)ってくれます。

彼(かれ)の歌(うた)は私(わたし)に力強(ちからづよ)いメッセージを伝(つた)えてくれました。

先生(せんせい)は落(お)ちこんでいる私(わたし)を励(はげ)ましてくださいました。

先生(せんせい)はご家族(かぞく)の写真(しゃしん)を見(み)せてくださいました。

낱말과 표현

見守(みま)る 지켜보다

力強(ちからづよ)い 마음 든든하다

メッセージ 메시지

伝(つた)える 전하다

落(お)ちこむ (좋지 못한 상태에) 빠지다

励(はげ)ます 격려하다

ご家族(かぞく) 가족분

写真(しゃしん) 사진

Grammar

🎧 Track 10-02

③ ～てもらう　～해 주다
　　～ていただく　～해 주시다

日本では中村さんにいろいろと助けてもらいました。

品物を宅配で送ってもらいました。

先生に作文を直していただきました。

いい論文を書くために先生に手伝っていただきました。

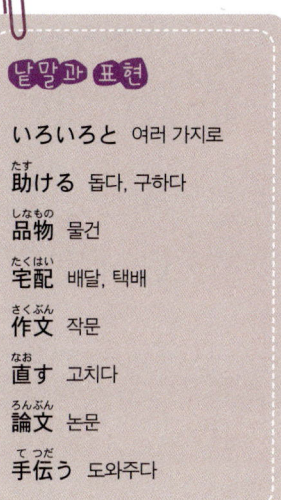

낱말과 표현

いろいろと　여러 가지로
助ける　돕다, 구하다
品物　물건
宅配　배달, 택배
作文　작문
直す　고치다
論文　논문
手伝う　도와주다

03 〜なら 〜한다면, 〜(이)라면

① 동사 기본형 + なら

京都へ行くならすてきな店を紹介します。

韓国のお土産を買うならのりがいいです。

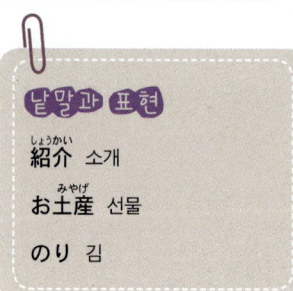

낱말과 표현
紹介 소개
お土産 선물
のり 김

② い형용사 기본형 + なら

高いなら買ってこなくてもいいです。

内容が面白くないなら読まない方がいいです。

낱말과 표현
内容 내용

Grammar

🎧 Track 10-02

③ な형용사 어간 + なら

使い方が不便なら使わない方がいいです。

結果が不安なら先に確認してみてください。

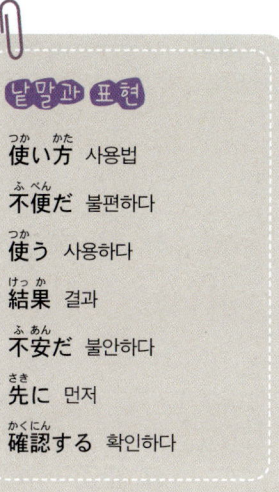

낱말과 표현
- 使い方 사용법
- 不便だ 불편하다
- 使う 사용하다
- 結果 결과
- 不安だ 불안하다
- 先に 먼저
- 確認する 확인하다

④ 명사 + なら

東京のホテルならここを勧めたいです。

ロマンチックなデートコースならここがいいですよ。

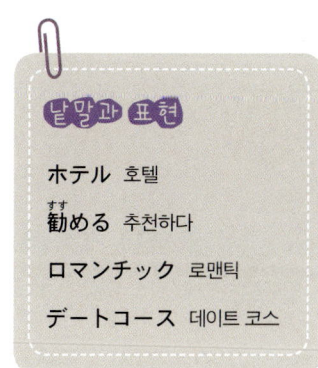

낱말과 표현
- ホテル 호텔
- 勧める 추천하다
- ロマンチック 로맨틱
- デートコース 데이트 코스

Track 10-03

 보기

友<rt>とも</rt>だち・本<rt>ほん</rt>・あげる

私<rt>わたし</rt>は友<rt>とも</rt>だちに本<rt>ほん</rt>をあげました。

① 猫<rt>ねこ</rt>・えさ・やる

② 彼氏<rt>かれし</rt>・ネクタイ・あげる

③ 先生<rt>せんせい</rt>・お花<rt>はな</rt>・さしあげる

④ 部長<rt>ぶちょう</rt>・ワイン・さしあげる

낱말과 표현

猫<rt>ねこ</rt> 고양이	ネクタイ 넥타이	部長<rt>ぶちょう</rt> 부장
えさ 먹이	お花<rt>はな</rt> 꽃	ワイン 와인

Pattern practice

 🎧 Track 10-04

| 보기 | 私(わたし)は先生(せんせい)に招待券(しょうたいけん)をさしあげました。 | 私・先生・招待券・さしあげる |

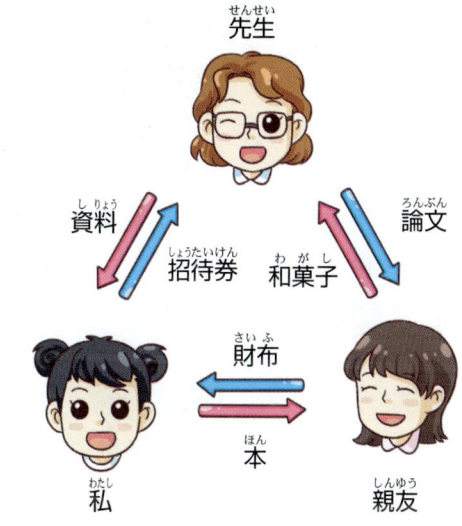

1. 私・先生・資料・いただく
2. 私・親友・本・あげる
3. 親友・私・財布・くれる
4. 先生・親友・論文・くださる
5. 親友・先生・和菓子・さしあげる
6. 親友・私・本・もらう

낱말과 표현

| 招待券(しょうたいけん) 초대권 | 親友(しんゆう) 친구 | 和菓子(わがし) 일본식 과자 |
| 資料(しりょう) 자료 | 論文(ろんぶん) 논문 | |

C

| 보기 | 私は姉に本を買ってもらいました。 | 私・姉・本を買う |

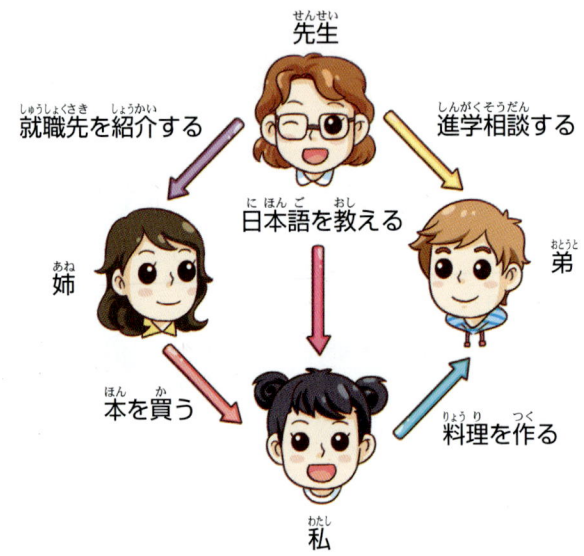

1 私・先生・日本語を教えていただく
2 先生・姉・就職先を紹介してくださる
3 姉・私・本を買ってくれる
4 私・弟・料理を作ってやる
5 弟・先生・進学相談していただく
6 先生・弟・進学相談してくださる

낱말과 표현

就職先 취직처　　料理を作ってやる 요리를 만들어 주다　　進学相談する 진학상담하다
紹介する 소개하다

Pattern practice

🎧 Track 10-06

彼女・誕生日プレゼント・アクセサリー

A : 彼女に誕生日プレゼントをしたいんですが。
B : 誕生日プレゼントならアクセサリーはどうですか。

1 両親・結婚記念日のプレゼント・花束

2 恋人・クリスマスプレゼント・マフラー

3 先輩・卒業祝いのプレゼント・靴

4 同僚・引っ越し祝いのプレゼント・掃除機

낱말과 표현

アクセサリー 액세서리	恋人 애인	祝い 축하
両親 양친, 부모님	クリスマス 크리스마스	同僚 동료
結婚記念日 결혼기념일	マフラー 머플러	引っ越し 이사
花束 꽃다발	卒業 졸업	掃除機 청소기

10 キャンディーブーケを作ってあげたらどうですか。 **147**

Check

어휘·문법

①~④ 중에서 가장 알맞은 것을 골라 O표 하세요.

1 A：自分でパソコンを直しましたか。
   B：いいえ、友だちが＿＿＿＿★＿＿＿＿。
   ① 直してもらったんです　　② 直してくれたんです
   ③ 直してあげたんです　　　④ 直してくださったんです

2 母は私にキムチのレシピを＿＿＿＿★＿＿＿＿。
   ① 教えてくださった　　② 教えてくれた
   ③ 教えてあげた　　　　④ 教えていただいた

3 これは先生が私に＿＿＿＿★＿＿＿＿本です。
   ① いただいた　② さしあげた　③ くださった　④ もらった

청취

🎧 Track 10-07

잘 듣고 ①~③ 중에서 질문의 답으로 가장 알맞은 것을 골라 O표 하세요.

1 家で母に料理を教えてもらっています。
   ①　　　　②　　　　③

2 娘に車で駅まで送ってもらっています。
   ①　　　　②　　　　③

3 池田先生に本をいただきました。
   ①　　　　②　　　　③

Kanji & Katakana

한자

けんさく 検索 검색	けんさく 検索	けんさく 検索		
かんどう 感動 감동	かんどう 感動	かんどう 感動		
りょうしん 両親 부모님	りょうしん 両親	りょうしん 両親		
しりょう 資料 자료	しりょう 資料	しりょう 資料		
かぞく 家族 가족	かぞく 家族	かぞく 家族		
さくぶん 作文 작문	さくぶん 作文	さくぶん 作文		
かくにん 確認 확인	かくにん 確認	かくにん 確認		

가타카나

アイデア 아이디어	アイデア	
アイテム 아이템	アイテム	

특별한 날 선물, 무엇을 사주고 싶어요? 받고 싶어요?

🎧 Track 10-08

보기

그림을 보면서 다음과 같이 이야기해 보세요.

A：誕生日に恋人に何を買ってあげ（もらい）たいですか。

B：ハンドバッグを買ってあげ（もらい）たいです。

誕生日
생일

クリスマス
크리스마스

バレンタインデー
밸런타인데이

ホワイトデー
화이트데이

プロポーズの日
프로포즈의 날

結婚記念日
결혼기념일

ゆび わ 指輪 반지	うで ど けい 腕時計 손목시계	こうすい 香水 향수

ネクタイ 넥타이	テディベア 테디 베어	さい ふ 財布 지갑

コンサートチケット 콘서트 티켓	ペアリング 커플링	ペット 반려동물

10 キャンディーブーケを作ってあげたらどうですか。 151

unit 11 雨が降りそうですから。

あめ ふ

비가 내릴 것 같으니까요.

학습목표 추측과 양태 전문 표현 익히기

Dialogue

Track 11-01

美香 なんだかとても気分がよさそうだけど、何かあったの？

アリョ ジュンス先輩がすごくきれいなキャンディーブーケをくれたんです。

美香 手作りの？

アリョ はい。私のために徹夜して作ってくれたそうです。
私とても感動しちゃいました。
美香さんはホワイトデーに何かもらいましたか。

美香 ストレスになるからそんなこと聞かないで。
それよりこの前新しくできたラーメン屋、知ってる？
おいしいそうだから一緒に食べに行こうか。

アリョ 雨が降りそうですから、あったかいラーメンいいですね。

낱말과 표현

なんだか 어쩐지	～ちゃう (「～てしまう」의 축약형) ~해 버리다	ラーメン屋 라면집
気分 기분	ストレス 스트레스	おいしいそうだ 맛있다고 한다
よさそうだ 좋아 보이다	聞く 듣다, 묻다	雨が降る 비가 내리다
すごく 굉장히, 아주	それより 그보다	あったかい (「あたたかい」의 변한 말) 따뜻하다
徹夜する 밤새다	この前 요전에	
作る 만들다	新しく 새롭게	
感動する 감동하다	できる 생기다, 만들어지다	

01 ～そうだ ~라고 한다(전문)

① 동사 る / ている / た + そうだ

彼女(かのじょ)は来年(らいねん)日本(にほん)に帰(かえ)るそうです。

この店(みせ)ではこれが一番(いちばん)売(う)れているそうです。

ニュースによると高速道路(こうそくどうろ)で事故(じこ)があったそうです。

낱말과 표현
- 来年(らいねん) 내년
- 帰(かえ)る 돌아가다
- 一番(いちばん) 제일, 가장
- 売(う)れる 팔리다
- ニュース 뉴스
- ～によると ~에 의하면
- 高速道路(こうそくどうろ) 고속도로
- 事故(じこ) 사고

② い형용사 い / かった + そうだ

うわさによるとあの店(みせ)は安(やす)くておいしいそうです。

デートは楽(たの)しくなかったそうです。

낱말과 표현
- うわさ 소문
- 得意(とくい)だ 자신이 있음
- 話(はなし) 이야기
- パーティー 파티
- 賑(にぎ)やかだ 번화하다

③ な형용사 だ / だった + そうだ

日本語(にほんご)が得意(とくい)だそうです。

鈴木(すずき)さんの話(はなし)によるとパーティーはとても賑(にぎ)やかだったそうです。

Grammar

🎧 Track 11-02

④ 명사 だ / だった + そうだ

最近の世界的なトレンドは美容だそうです。

彼は有名なデザイナーだったそうです。

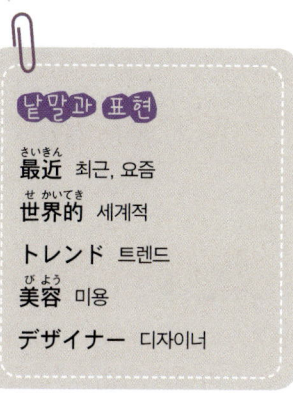

낱말과 표현
最近 최근, 요즘
世界的 세계적
トレンド 트렌드
美容 미용
デザイナー 디자이너

02 ～そうだ ～처럼 보인다, ~인 것 같다

① 동사 ます형 + そうだ

今にも雨が降りそうです。

ワイシャツのボタンが取れそうです。

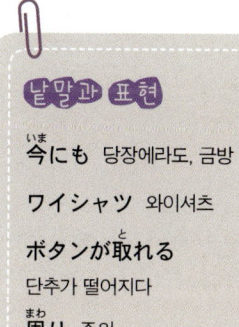

낱말과 표현
今にも 당장에라도, 금방
ワイシャツ 와이셔츠
ボタンが取れる 단추가 떨어지다
周り 주위
環境 환경

② い형용사 어간 + そうだ

料理がとてもおいしそうです。

＊ 周りの環境がよさそうです。

11 雨が降りそうですから。　**155**

Grammar

Track 11-02

③ な형용사 어간 + そうだ

あのカップルは幸(しあわ)せそうです。

仕(し)事(ごと)が大(たい)変(へん)そうです。

낱말과 표현
印象(いんしょう) 인상
問題(もんだい) 문제
笑(わら)う 웃다

④ 〜そうな + 명사

真(ま)面(じ)目(め)そうな印(いん)象(しょう)の学(がく)生(せい)です。

難(むずか)しそうな問(もんだい)題ですね。

⑤ 〜そうに + 동사

子(こ)供(ども)たちが楽(たの)しそうに遊(あそ)んでいます。

嬉(うれ)しそうに笑(わら)っています。

Pattern practice

🎧 Track 11-03

A 보기와 같이 연습해 봅시다.

보기 ニュース, 不景気が続く

ニュースによると不景気が続くそうです。

1. 天気予報, 明日から寒くなる

2. 先生の話, 試験は難しくない

3. 親友の話, パーティーは楽しかった

4. 関係者の話, プレゼンは成功的に終わった

낱말과 표현

新聞 신문	天気予報 일기 예보	プレゼン 프레젠테이션
~によると ~에 의하면	試験 시험	成功的だ 성공적이다
不景気 불경기	パーティー 파티	
続く 계속되다	関係者 관계자	

11 雨が降りそうですから。 **157**

🎧 Track 11-04

B

보기 雪が降りそうです。

雪が降る

1. 赤ちゃんが泣き出す

2. 授業に遅れる

3. 彼は頭がいい

4. 彼女は忙しい

5. 仕事が大変だ

6. 彼女は幸せだ

낱말과 표현

赤ちゃん 아기	遅れる 늦다	大変だ 힘들다
泣き出す 울음을 터뜨리다	頭がいい 머리가 좋다	幸せだ 행복하다
授業 수업	忙しい 바쁘다	

Pattern practice

 보기

おいしそうなケーキですね。
おいしそうに食べますね。

おいしい, ケーキ　　おいしい, 食べる

① 難しい, 本

② 真面目だ, 学生

③ 元気だ, 子犬

④ 楽しい, 遊んでいる

⑤ 悲しい, 泣いている

⑥ 面白い, 笑っている

낱말과 표현

難しい 어렵다　　　　子犬 강아지　　　　泣く 울다
真面目だ 성실하다　　楽しい 즐겁다　　　面白い 재미있다
元気だ 건강하다　　　悲しい 슬프다　　　笑う 웃다

Check

어휘·문법

①~④ 중에서 가장 알맞은 것을 골라 O표 하세요.

1 天気予報によると明日雨が___★___そうです。
① 降る　　② 降り　　③ 降って　　④ 降った

2 友だちの話では先週の旅行はとても___★___そうです。
① 楽しい　　② 楽し　　③ 楽しかった　　④ 楽しく

3 とても___★___そうなアイテムですね。
① 便利だ　　② 便利　　③ 便利で　　④ 便利だった

청취

🎧 Track 11-06

잘 듣고 ①~④ 중에서 질문의 답으로 가장 알맞은 것을 골라 O표 하세요.

1 今日本で一番人気があるのは_____だ。
① 韓国の料理　　② 韓国の歌手
③ 韓国のドラマ　　④ 韓国の映画

2 天気予報によると_____。
① 今日は寒い　　② 明日もっと寒くなる
③ 明日は暖かくなる　　④ 明日は暖かい

3 新しくできたラーメン屋は_____。
① おいしいそうだ　　② おいしくなさそうだ
③ おいしくないそうだ　　④ よくわからないそうだ

Kanji & Katakana

한자

きぶん 気分 기분	きぶん 気分	きぶん 気分		
びよう 美容 미용	びよう 美容	びよう 美容		
まわり 周り 주변	まわり 周り	まわり 周り		
かんきょう 環境 환경	かんきょう 環境	かんきょう 環境		
いんしょう 印象 인상	いんしょう 印象	いんしょう 印象		
もんだい 問題 문제	もんだい 問題	もんだい 問題		

가타카나

ラーメン 라면	ラーメン	
ニュース 뉴스	ニュース	
パーティー 파티	パーティー	

어떻게 보이나요?

🎧 Track 11-07

보기

그림을 보면서 다음과 같이 이야기해 보세요.

この人(ひと)は**うれし**そうです。

① 親切(しんせつ)だ 친절하다
② 不親切(ふしんせつ)だ 불친절하다
③ 忙(いそが)しい 바쁘다
④ 大変(たいへん)だ 힘들다
⑤ 楽(たの)しい 즐겁다
⑥ 幸(しあわ)せだ 행복하다
⑦ 暇(ひま)だ 한가하다
⑧ 寂(さび)しい 외롭다
⑨ おいしい 맛있다
⑩ まずい 맛없다
⑪ 高(たか)い 가격이 비싸다
⑫ 安(やす)い 가격이 싸다
⑬ 冷(つめ)たい 시원하다
⑭ 熱(あつ)い 뜨겁다

unit 12
ドラマのような話ですね。
드라마 같은 이야기네요.

학습목표 추측 표현 익히기

Dialogue

ジュンス	最近アリョ、元気がないようなんですが。
美香	アリョさん、もうすぐ中国に帰るらしいですよ。来月で交換留学が終わるそうです。
ジュンス	え、そうですか。やっと一人で車に乗れるようになって、うれしそうだったのに。
美香	うわさによると、実はアリョさん大金持ちの一人娘で、中国の自宅はお城のような豪邸らしいですよ。
ジュンス	まるでドラマのような話ですね。
美香	こうなったら、アリョさんが中国に帰れないようにジュンスさんが告白するしかないですね。

낱말과 표현

- 最近 최근, 요즘
- 元気がないようだ 기운이 없는 것 같다
- もうすぐ 곧, 금방
- 帰るらしい 돌아간다고 한다
- 来月 다음 달
- 交換留学 교환 유학
- 終わるそうだ 끝난다고 한다
- やっと 겨우, 간신히
- 一人で 혼자서
- 乗れる 탈 수 있다
- (가능형)ようになる ~하게 되다
- ~のに ~는데
- うわさによると 소문에 의하면
- 実は 실은
- 大金持ち 갑부집
- 一人娘 외동딸
- 自宅 자택
- ~らしい ~인 것 같다
- お嬢様 아가씨
- お城のような豪邸 대궐 같은 호화 저택
- まるで 마치
- こうなったら 이렇게 되면
- ~ように ~도록
- 告白する 고백하다
- ~しかない ~수밖에 없다

01 〜らしい ~인 것 같다

① 동사 る / ている / た + らしい

来月新しい社員が来るらしいです。

彼は結婚しているらしいです。

山田さんは日本に出張に行ったらしいです。

낱말과 표현

社員 사원

出張 출장

② い형용사 い / かった + らしい

外は風が強いらしいです。

引っ越しでとても忙しかったらしいです。

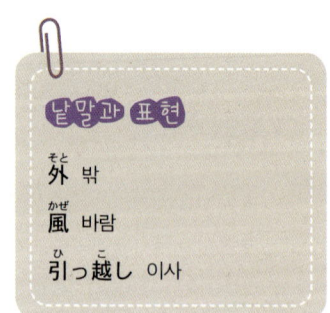

낱말과 표현

外 밖

風 바람

引っ越し 이사

Grammar

Track 12-02

③ な형용사 어간 / だった + らしい

ジュウォンさんは中村さんが好きらしいです。

学生時代、かなり有名だったらしいです。

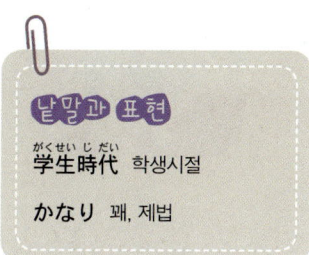

낱말과 표현
学生時代 학생시절
かなり 꽤, 제법

④ 명사 - / だった + らしい

あれは彼の車らしいです。

彼女は元アナウンサーだったらしいです。

낱말과 표현
元 원래
アナウンサー 아나운서

02 〜ようだ　〜같다

① 동사 る / ている / た + ようだ

ペアリングをはめています。
恋人（こいびと）がいるようです。

電気（でんき）がついています。
誰（だれ）か来（き）ているようです。

息子（むすこ）が入学試験（にゅうがくしけん）に落（お）ちたようです。

낱말과 표현
ペアリング 커플링
はめる 끼다, 끼우다
電気（でんき） 전기
つく 켜다
息子（むすこ） 아들
入学試験（にゅうがくしけん） 입학시험
落（お）ちる 떨어지다

② い형용사 い / かった + ようだ

今日（きょう）は昨日（きのう）より暖（あたた）かいようです。

成績（せいせき）が良（よ）かったようです。

낱말과 표현
暖（あたた）かい 따뜻하다
成績（せいせき） 성적

Grammar

🎧 Track12-02

③ な형용사 な / だった + ようだ

彼は日本語が得意なようです。

いろいろと複雑だったようです。

④ 명사 の / だった + ようだ

車が動きません。故障のようです。

厳しい先生だったようです。

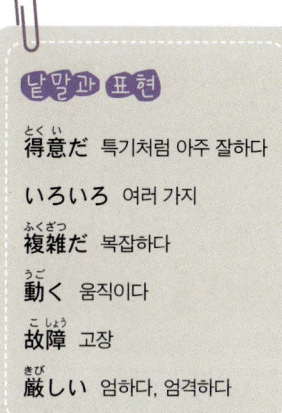

낱말과 표현

得意だ 특기처럼 아주 잘하다
いろいろ 여러 가지
複雑だ 복잡하다
動く 움직이다
故障 고장
厳しい 엄하다, 엄격하다

03 ～ような ~같은 / ～ように ~처럼

夢のような話ですね。

童話のようなストーリーの映画ですね。

まるで人形のようにかわいいです。

彼女は休みの間、うそのようにきれいになりました。

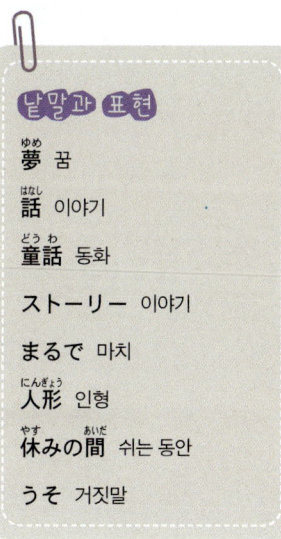

낱말과 표현

夢 꿈
話 이야기
童話 동화
ストーリー 이야기
まるで 마치
人形 인형
休みの間 쉬는 동안
うそ 거짓말

Grammar

🎧 Track12-02

04 가능형 + ようになる ~할 수 있게 되다

難(むずか)しい漢字(かんじ)も読(よ)めるようになりました。

日本語(にほんご)でレポートが書(か)けるようになりました。

ギターが弾(ひ)けるようになりました。

運転(うんてん)ができるようになりました。

낱말과 표현

漢字(かんじ) 한자
読(よ)む 읽다
レポート 리포트
ギター 기타
弾(ひ)く 치다

05 동사 + ように ~하도록 / ~ないように ~하지 않도록

欠席(けっせき)の時(とき)は必(かなら)ず連絡(れんらく)するように。

約束(やくそく)を忘(わす)れないように。

タバコは止(や)めるようにしてください。

授業(じゅぎょう)に遅(おく)れないようにしてください。

낱말과 표현

欠席(けっせき) 결석
時(とき) 때
必(かなら)ず 반드시
連絡(れんらく)する 연락하다
約束(やくそく) 약속
忘(わす)れる 잊다
タバコ 담배
止(や)める 끊다, 그만두다
遅(おく)れる 늦다

Pattern practice

Track 12-03

A 보기와 같이 연습해 봅시다.

보기: 彼は彼女が好きなようです。 ← 彼は彼女が好きだ

1. 私の秘密を知っている
2. あの二人は別れた
3. あの夫婦は仲が悪い
4. この頃忙しい
5. 仕事が大変だ
6. あの指輪はペアリングだ

낱말과 표현

秘密 비밀 　　別れる 헤어지다 　　仕事 일
知る 알다 　　この頃 요즘, 최근 　　指輪 반지

12 ドラマのような話ですね。

🎧 Track 12-04

B

보기　まるで夢のような話ですね。　夢・話

1. お城・家　

2. 人形・赤ちゃん

3. 雪・肌　

4. モデル・人

5. おもちゃ・カメラ　

6. 天使・先生

낱말과 표현

お城 대궐	雪 눈	おもちゃ 장난감
人形 인형	肌 피부	天使 천사
赤ちゃん 아기	モデル 모델	

Pattern practice

🎧 Track 12-05

C

あのレストラン・おいしくない

あの<u>レストラン</u>は<u>おいしくない</u>らしいですよ。

1. 先輩・恋人を待っている

2. 橋本さん・試験に合格した

3. あの映画・面白くない

4. あのビル・芸能人Kさんの建物だ

| 先輩 선배 | 待つ 기다리다 | 芸能人 연예인 |
| 恋人 애인 | 合格する 합격하다 | 建物 건물 |

Check

어휘·문법

①~④ 중에서 가장 알맞은 것을 골라 O표 하세요.

1 日本語で電話が＿＿＿★＿＿＿ようになりました。
　① かける　　② かけた　　③ かけられる　　④ かけられた

2 赤ちゃんの＿＿＿★＿＿＿かわいいです。
　① ような　　② ように　　③ ないような　　④ ないように

3 日本で有名な＿＿＿★＿＿＿らしいです。
　① 歌手　　② 歌手の　　③ 歌手な　　④ 歌手だ

청취

Track 12-06

잘 듣고 ①~③ 중에서 질문의 답으로 가장 알맞은 것을 골라 O표 하세요.

1 外がうるさいですね。
　①　　②　　③

2 この頃先輩は遊びに来ないですね。
　①　　②　　③

3 彼女、日本語がとても上手ですね。
　①　　②　　③

Kanji & Katakana

한자

こくはく 告白 고백	こくはく 告白	こくはく 告白		
しゃいん 社員 사원	しゃいん 社員	しゃいん 社員		
しゅっちょう 出張 출장	しゅっちょう 出張	しゅっちょう 出張		
でんき 電気 전기, 불	でんき 電気	でんき 電気		
ふくざつ 複雑 복잡	ふくざつ 複雑	ふくざつ 複雑		
どうわ 童話 동화	どうわ 童話	どうわ 童話		
にんぎょう 人形 인형	にんぎょう 人形	にんぎょう 人形		

가타카나

ペアリング 커플링	ペアリング	
ストーリー 이야기	ストーリー	

어떤 것 같은지?

🎧 Track 12-07

보기

그림을 보면서 여러분의 직감을 말해 보세요.

この人(ひと)たちは恋人(こいびと)のようです。

① 犯人(はんにん) 범인
② 警察(けいさつ) 경찰
③ 夫婦(ふうふ) 부부
④ 迷子(まいご) 미아
⑤ ジェットコースターは怖(こわ)い 롤러코스터는 무섭다
⑥ アトラクションは危険(きけん)だ 어트랙션은 위험하다
⑦ お腹(なか)が痛(いた)い 배가 아프다
⑧ とても暑(あつ)い 매우 덥다
⑨ キャラクターと写真(しゃしん)を撮(と)る 캐릭터와 사진을 찍다
⑩ 勇気(ゆうき)がある 용기가 있다
⑪ 恋人(こいびと)とケンカした 애인과 싸웠다
⑫ 道(みち)に迷(まよ)った 길을 잃었다

告白されたんですか。
고백받으신 거예요?

학습목표 수동 표현 익히기

Dialogue

Track 13-01

アリョ	何か悩みでもあるんですか？
美香	それが…ジュウォンさんに突然告白されちゃってね。
アリョ	えっ、告白されたんですか！おめでとうございます。 告白なんてすごくロマンチックですね！
美香	うーん…でもね、ジュウォンさんはいい人なんだけど、 昨日急に来られて告白されたから、ちょっと…。
アリョ	そうですか。それはちょっと悩まされますね。
美香	いや、まあ、実はこういうことは初めてじゃないからね。 私の人気が韓国でも証明されたって感じかな？フフ。
アリョ	え、なんだか自慢話聞かされているようで、疲れますね。

낱말과 표현

悩み 고민	でも 그래도	人気 인기
～でも ~라도	人 사람	韓国 한국
突然 갑자기	急に 갑자기	証明 증명
告白 고백	昨日 어제	感じ 느낌
おめでとうございます 축하드립니다	ちょっと 조금	なんだか 왠지
～なんて ~라니	悩まされる 고민하게 되다	自慢話 자랑하는 이야기
すごく 매우, 굉장히	いや 아니	聞かされる 듣게 되다
ロマンチック 로맨틱	実は 실은	疲れる 피곤하다
	初めて 처음	

13 告白されたんですか。 179

01 수동형 ～れる, られる, こられる, される

① 1그룹 동사의 수동형

う단 ⇒ あ단 + れる	
기본형	수동형
使う 사용하다	使われる
行く 가다	行かれる
壊す 깨뜨리다	壊される
立つ 일어서다	立たれる
死ぬ 죽다	死なれる
呼ぶ 부르다	呼ばれる
飲む 마시다	飲まれる
取る 집다, 들다	取られる

② 2그룹 동사의 수동형

る ⇒ られる	
기본형	수동형
見る 보다	見られる
建てる 세우다	建てられる
褒める 칭찬하다	褒められる

③ 3그룹 동사의 수동형

기본형	수동형
来る 오다	来られる
する 하다	される

Grammar

🎧 Track13-02

02 일반 수동

① (사물, 사건이) ~어지다

この町は韓国の中の外国と言われています。

これはエコ素材で作られた製品です。

このタウンにはモダンで洗練されたカフェやバーが運営されています。

낱말과 표현
町 마을
～の中の ~의 중에서
外国 외국
エコ素材 환경 소재
製品 제품
タウン 타운
モダン 모던, 현대적
洗練 세련
カフェ 카페
バー 바
運営 운영

② (사람이) ~받다, ~히다, ~리다, 당하다

先生に名前を呼ばれました。

信じていた親友に裏切られました。

彼氏に高校の時の写真を見られました。

両親に結婚を反対されました。

낱말과 표현
名前 이름
呼ぶ 부르다
信じる 믿다
親友 친구
裏切る 배신하다
高校の時 고등학생 시절
反対する 반대하다

Grammar

03 피해 수동

間違い電話に起こされて、ぐっすり眠れませんでした。

一晩中赤ちゃんに泣かれて、とても疲れています。

雨に降られて風邪を引いてしまいました。

急に友だちに来られて、試験勉強ができませんでした。

낱말과 표현

間違い電話 잘못 온 전화
起こす 깨우다
ぐっすり 깊은 잠을 자는 모양. 푹
眠れる 잠들다
一晩中 하룻밤, 밤새
赤ちゃん 아기
泣く 울다
雨 비
降る 내리다
風邪を引く 감기에 걸리다
急に 급하게, 갑자기

Pattern practice

Track13-03

A 보기와 같이 연습해 봅시다.

このビルは20年前に・建てた

このビルは20年前に建てられました。

❶ 明日から展示会が・開く

❷ この新聞は日本で一番多く・読んでいる

❸ サイコロが・投げた

❹ この製品はハンドメイドで・製作する

ビル 빌딩	開く 열리다	投げる 던지다
建てる 세우다	一番 제일	製品 제품
明日 내일	多く 많이	ハンドメイド 핸드메이드
展示会 전시회	サイコロ 주사위	製作する 제작하다

13 告白されたんですか。 **183**

B

Track 13-04

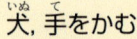

犬, 手をかむ

A: どうしたんですか。
B: 犬に手をかまれたんです。

1 父, 叱る

2 母, 小言を言う

3 友だち, いじめる

4 すり, 財布をする

5 隣の人, 足を踏む

6 上司, 怒る

낱말과 표현

手をかむ 손을 물다	すり 소매치기
叱る 혼나다	財布をする 지갑을 훔치다
小言を言う 잔소리를 하다	隣の人 옆 사람
いじめる 괴롭히다, 따돌리다	足を踏む 발을 밟다
上司 상사	
怒る 화내다, 꾸짖다	

Pattern practice

🎧 Track 13-05

恋人・誤解する・困っている

A：どうしたんですか。
B：恋人に誤解されて困っています。

1 みんなの前で友だちに笑う・恥ずかしかった

2 上司・同僚と比較する・気分が悪い

3 彼女・泣く・困っている

4 ペット・死ぬ・悲しんでいる

恋人 애인	みんなの前 모두의 앞	同僚 동료
誤解する 오해하다	笑う 웃다	比較する 비교하다
困っている 곤란해하다	恥ずかしい 창피하다	気分が悪い 기분이 나쁘다

Check

어휘·문법

①~④ 중에서 가장 알맞은 것을 골라 O표 하세요.

1 田中さんは医者にお酒とタバコはやめた方がいいと_____★_____。
　① 言いました　② 言われました　③ 言わせられました　④ 言わせました

2 兄と弟はいつも周りの人に_____★_____。
　① 比較します　② 比較させます　③ 比較されます　④ 比較させられます

3 雨に_____★_____風邪を引いてしまいました。
　① 降って　② 降り　③ 降られて　④ 降った

🎧 Track 13-06

청취

잘 듣고 ①~④ 중에서 질문의 답으로 가장 알맞은 것을 골라 O표 하세요.

1 どんな店ですか。
　① 有名なタレントによって作られました。
　② 有名なデザイナーによって作られました。
　③ 有名なタレントに知られています。
　④ 有名なデザイナーに知られています。

2 医者に言われなかったのは何ですか。
　① タバコ　② お酒　③ 運動　④ ダイエット

3 旅行でどんなことがありましたか。
　① すりに財布をすられました。　② すりに腕時計をすられました。
　③ 地下鉄で腕時計をすられました。　④ 地下鉄で財布をなくしました。

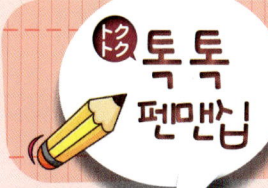

Kanji & Katakana

한자

さいあく 最悪 최악	さいあく 最悪	さいあく 最悪		
はんたい 反対 반대	はんたい 反対	はんたい 反対		
まち 町 마을	まち 町	まち 町		
がいこく 外国 외국	がいこく 外国	がいこく 外国		
なまえ 名前 이름	なまえ 名前	なまえ 名前		
しゃしん 写真 사진	しゃしん 写真	しゃしん 写真		
けっこん 結婚 결혼	けっこん 結婚	けっこん 結婚		

가타카나

| エコ 환경, 자연 | エコ | |
| モダン 모던, 현대적 | モダン | |

이런 일을 당한 적이 있나요?

🎧 Track 13-07

보기

친구에게 설명할 변명을 수동형을 써서 이야기해 봅시다.

A：どうして 1 時間も遅れたの？

B：あの、すりに財布をすられて。本当にごめん。

突然先輩に来られる
갑자기 선배가 찾아오다

先生に呼び出される
선생님께서 호출하시다

猛犬にかまれる
개에게 물리다

激しい雨に降られる
폭우를 맞다

どろぼうに入られる
도둑이 들어오다

不良に自転車を壊される
깡패가 자전거를 망가뜨리다

彼氏(彼女)に泣かれる
애인이 울다

飼い猫に逃げられる
기르고 있는 고양이가 도망가다

街角で芸能スカウトされる
길거리 캐스팅을 당하다

道端でナンパされる
길가에서 헌팅 당하다

ストーカーに追いかけられる
스토커가 쫓아오다

父にずっと叱られる
아버지께 계속 야단맞다

母に買い物を頼まれる
어머니가 장보기를 부탁하다

弟に携帯を取られる
남동생이 휴대전화를 가지고 가다

親友に告白される
친구가 고백하다

unit 14 雑務ばかりさせられています。

잡무만 하고 있습니다.

학습목표 사역과 사역의 수동 표현 익히기

Dialogue

Track 14-01

美香 最近、インターンの仕事はどうですか。

ジュンス インターンとして就職できたのは良かったんですけど、あまりにも仕事が大変で…。

美香 上司が難しい仕事をさせるんですね。

ジュンス いや、むしろ難しい仕事ならいいんですが、毎日雑務ばかりさせられるんです。

美香 雑務？

ジュンス データ入力や電話応対はもちろんコーヒーまで買ってこさせられるんですよ。

美香 インターンだから、仕方ないですよ。私は今も雑務ばかりさせられています。

낱말과 표현

最近 요즘, 최근	させる 시키다	～や ～(이)랑
インターン 인턴	いや 아니	電話応対 전화 응답
仕事 일	むしろ 오히려, 차라리	～はもちろん ～은 물론
～として ～(으)로서	～ならいい ～(이)라면 좋다	コーヒー 커피
就職する 취직하다	毎日 매일	買ってこさせられる 사오게 하다
～けど ～(이)지만	雑務 잡무	～だから ～이기 때문에
あまりにも 너무나도	～ばかり ～만	仕方ない 어쩔 수 없다
大変だ 힘들다	させられる (시켜서) 어쩔 수 없이 하다	
上司 상사	データ入力 데이터 입력	

 01 사역형 ～せる, させる ~시키다

① 1그룹 동사의 사역형

う단 ⇒ あ단 + せる	
기본형	사역형
使う 사용하다	使わせる
行く 가다	行かせる
壊す 깨뜨리다	壊させる
立つ 일어서다	立たせる
死ぬ 죽다	死なせる
呼ぶ 부르다	呼ばせる
飲む 마시다	飲ませる
取る 집다, 들다	取らせる

② 2그룹 동사의 사역형

る ⇒ させる	
기본형	사역형
見る 보다	見させる
建てる 세우다	建てさせる
褒める 칭찬하다	褒めさせる

③ 3그룹 동사의 사역형

기본형	사역형
来る 오다	来させる
する 하다	させる

Grammar

🎧 Track 14-02

先生は学生に漢字を書かせます。

無理やりお酒を飲ませるのは止めてください。

上司は部下にコーヒーを入れさせました。

新入生に自己紹介させました。

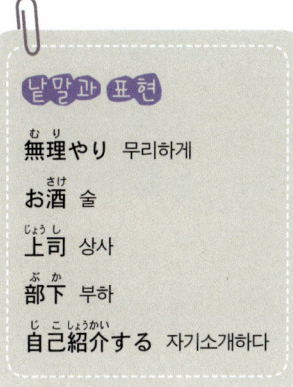

낱말과 표현

無理やり 무리하게
お酒 술
上司 상사
部下 부하
自己紹介する 자기소개하다

02 사역 수동

① 1그룹 동사의 사역 수동형

う단 ⇒ あ단 + せられる	
기본형	사역 수동형
行く 가다	行かせられる
立つ 서다	立たせられる
飲む 마시다	飲ませられる

② 2그룹 동사의 사역 수동형

る ⇒ させられる	
기본형	사역 수동형
見る 보다	見させられる

③ 3그룹 동사의 사역 수동형

기본형	사역 수동형
来る 오다	来させられる
する 하다	させられる

Grammar

🎧 Track 14-02

店員に高い商品を買わせられました。

友だちに2時間も待たせられました。

部長に電話をかけさせられました。

上司に資料を検索させられました。

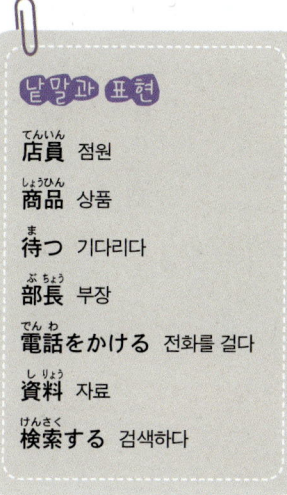

낱말과 표현

店員 점원
商品 상품
待つ 기다리다
部長 부장
電話をかける 전화를 걸다
資料 자료
検索する 검색하다

Grammar

03 ばかり ~만

① 명사 + ばかり

お酒ばかり飲んでいます。

ドラマばかり見ています。

インターネットゲームばかりしています。

> **낱말과 표현**
> ドラマ 드라마
> 遊ぶ 놀다
> 怒る 화내다

② 동사 て형 + ばかり + いる

友だちと遊んでばかりいます。

彼女はいつも怒ってばかりいます。

Pattern practice

A 보기와 같이 연습해 봅시다.

先生, 学生, 教科書を読む

先生は学生に教科書を読ませます。

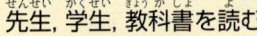

1. お母さん, 子供, 薬を飲む

2. 医者, 患者, お酒を止める

3. 先生, 学生, 質問に答える

4. 上司, 部下, 顧客に電話する

医者 의사　　患者 환자　　顧客 고객

B

Track 14-04

医者は田中さんにタバコを止めさせる

보기 田中さんは医者にタバコを止めさせられました。

1 お母さんは子供に部屋の掃除をさせる

2 彼女は彼氏に荷物を持たせる

3 上司は部下に残業させる

4 先輩は後輩にお酒を飲ませる

掃除 청소　　　残業する 잔업하다

Pattern practice

🎧 Track 14-05

C 보기

いつもテレビばかり見ています。

いつもテレビを見る

1 ブランド商品を買う

2 音楽を聞く

3 映画を見る

4 運動をする

5 インターネットでチャットをする

6 メールをチェックする

낱말과 표현

ブランド商品 브랜드 상품　　チャット 채팅
音楽 음악　　チェックする 체크하다

Check

어휘·문법

①~④ 중에서 가장 알맞은 것을 골라 O표 하세요.

1. 子供にお酒を＿＿＿★＿＿＿のは良くないです。
   ① 飲む　　② 飲まれる　　③ 飲ませる　　④ 飲ませられる

2. 社長に運転を＿＿＿★＿＿＿、大変でした。
   ① して　　② させて　　③ させられて　　④ されて

3. 遊んで＿＿＿★＿＿＿で成績が良くないです。
   ① も　　② ばかり　　③ じゃ　　④ まで

청취　🎧 Track 14-06

잘 듣고 ①~④ 중에서 질문의 답으로 가장 알맞은 것을 골라 O표 하세요.

1. 今井さんが毎日子供にさせていることは何ですか。
   ① 洗濯　　② 買い物　　③ 掃除　　④ コップ洗い

2. 田中さんが会社でしなくてもいいことは何ですか。
   ① メールのチェック　　② 資料の検索
   ③ 毎日の残業　　④ 電話応対

3. 学生が授業中しなくてもいいことは何ですか。
   ① 本を読む　　② 漢字を書く
   ③ 日本語で説明する　　④ 日本語で話す

Kanji & Katakana

한자

たいへん 大変 힘듦	たいへん 大変	たいへん 大変		
じょうし 上司 상사	じょうし 上司	じょうし 上司		
まいにち 毎日 매일	まいにち 毎日	まいにち 毎日		
にゅうりょく 入力 입력	にゅうりょく 入力	にゅうりょく 入力		
むり 無理 무리	むり 無理	むり 無理		
ぶか 部下 부하	ぶか 部下	ぶか 部下		

가타카나

インターン 인턴	インターン	
データ 데이터	データ	
ゲーム 게임	ゲーム	

남이 시켜서 억지로 해야 했던 일에 대해 이야기해 봅시다.

Track 14-07

보기

그림을 보면서 다음과 같이 이야기해 보세요.

小学生の時、親に毎日部屋の掃除をさせられました。

兄の宿題をさせられる
형의 숙제를 하다

夜遅くまで塾に通わせられる
밤늦게까지 학원에 다니다

毎日本を読ませられる
매일 책을 읽다

嫌いな野菜を食べさせられる
싫어하는 채소를 먹다

歌の練習をさせられる
노래 연습을 하다

深夜まで勉強させられる
밤늦게까지 공부하다

長時間待たせられる 오랫동안 기다리다	毎朝5キロ走らせられる 매일 아침 뛰다	ダイエットさせられる 다이어트 하다

プレゼントを渡させられる 선물을 건네주다	英語だけで話させられる 영어로만 이야기하다	高い指輪を買わせられる 비싼 반지를 사다

少々(しょうしょう)お待(ま)ちください。

잠시 기다려 주십시오.

학습목표 경어 표현 익히기

Dialogue

Track 15-01

ジュンス　あの、すみません。
　　　　　私、コリア銀行から参りましたイ・ジュンスと申します。

案内デスク　どのようなご用件でいらっしゃいましたか。

ジュンス　本日は、営業課課長の木村様にお目にかかりたく、事前に
　　　　　ご連絡さしあげたのですが…。

案内デスク　かしこまりました。ただいま木村におつなぎ致しますので、
　　　　　こちらにおかけになって少々お待ちください。

ジュンス　はい、ありがとうございます。

(안내 데스크 직원이 내선 전화로 기무라 과장에게 연락한다.)

案内デスク　お待たせいたしました。木村が会議室にご案内するよう
　　　　　申しております。こちらにどうぞ。

낱말과 표현

私 저	課長 과장	おかけになる 앉으시다
コリア銀行 코리아 은행	～様 ~님	少々 조금, 잠시
参る 오다, 가다(겸양어)	お目にかかる 만나 뵙다	お待ちくださる 기다려주시다
～と申します ~라고 합니다	～たく(=~たくて) ~싶어서	お待たせいたす 기다리시다
案内デスク 안내 데스크	事前に 사전에	会議室 회의실
どのような 어떠한	ご連絡さしあげる 연락드리다	ご案内する 안내하다
ご用件 용건	かしこまりました 알겠습니다	～よう(=~ように) ~도록, ~같이
いらっしゃる 오시다, 가시다, 계시다	ただいま 지금	申しておる 말씀하시다
本日 오늘	おつなぎいたす 연결해드리다	どうぞ 자
営業課 영업과	～ので ~때문에	

01 존경 표현

① 존경 어법 お(ご) + ます형 / 동작성 명사 + になる

このすばらしい論文はソ先生が
お書きになりました。

奥様はもうお帰りになりました。

こちらをご利用になってください。

낱말과 표현

すばらしい 굉장하다
論文 논문
奥様 부인

② 동사 + れる, られる

先生もきっと喜ばれるでしょう。

いつ帰られますか。

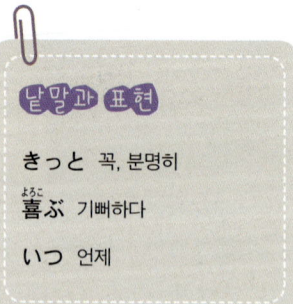

낱말과 표현

きっと 꼭, 분명히
喜ぶ 기뻐하다
いつ 언제

Grammar

🎧 Track 15-02

③ 존경 당부 표현

少々お待ちください。

お気軽にご利用ください。

どうぞ中の方へお入りください。

どうぞよろしくお伝えください。

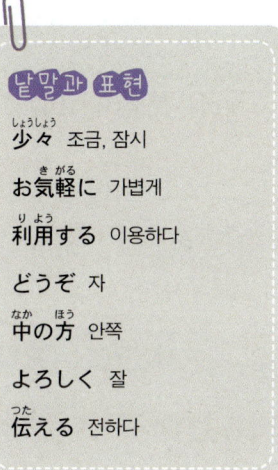

④ 특수 존경어

お客様がいらっしゃいました。

中村さんのお祖父様がそうおっしゃいました。

あの映画は多くの方々がご覧になりました。

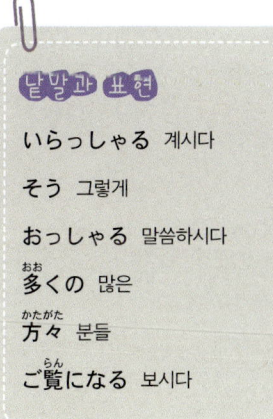

02 겸양 표현

① 겸양 어법 お(ご) + ます형 / 동작성 명사 + する(致す)

美容のプロがお答えします。

ご回復を心よりお祈り致します。

またお会いすることを楽しみにしております。

本当にいろいろとご迷惑をおかけしました。

낱말과 표현
- 美容 미용
- プロ 프로
- 答える 대답하다
- 回復 회복
- 心より 마음으로
- 祈る 빌다
- 迷惑 폐, 귀찮음, 성가심

② 특수 겸양어

皆様お一人お一人のご回答を拝見致します。

ご来店のお客様にお知らせを申し上げます。

ご確認くださるようお願い申し上げます。

낱말과 표현
- 皆様 여러분
- 回答 회답
- 拝見する 삼가 보다
- 来店 내점
- お客様 손님
- お知らせ 알림
- 申し上げる 말씀드리다, 여쭙다
- お願い 부탁

Grammar

🎧 Track 15-02

03 특수 경어

동사 보통형	특별 존경어	특별 겸양어
飲む 마시다	召し上がる	いただく
食べる 먹다	召し上がる	いただく
言う 말하다	おっしゃる	申す
見る 보다	ご覧になる	拝見する
聞く 듣다	お聞きになる	拝聴する
会う 만나다	お会いになる	お目にかかる
買う 사다	お求めになる	-
死ぬ 죽다	お亡くなりになる	-
着る 입다	お召しになる	-
思う 생각하다	お思いになる	存じる
知っている 알고 있다	ご存じだ	存じている(おる)
わかる 알다	-	承知する
行く 가다	いらっしゃる	参る
来る 오다	いらっしゃる	参る
いる 있다	いらっしゃる	おる
する 하다	なさる	致す
あげる 주다	-	さしあげる
くれる 주다	くださる	-
もらう 받다	-	いただく

Track 15-03

A

보기　私がその荷物をお持ちします。

私がその荷物を持つ

1 タクシーを呼ぶ

2 このデザインを勧める

3 車を貸す

4 品物を送る

5 ここで待つ

6 ご質問に答える

낱말과 표현

荷物 짐	デザイン 디자인	品物 물건
タクシー 택시	勧める 추천하다	質問 질문
呼ぶ 부르다	貸す 빌려 주다	答える 대답하다

Pattern practice

🎧 Track 15-04

보기 新聞をお読みになります。

新聞を読む

1️⃣ ご家族を待つ

2️⃣ 7時頃戻る

3️⃣ コーヒーを飲む

4️⃣ 論文を書く

5️⃣ こちらの座席に座る

6️⃣ ハンドバッグを買う

낱말과 표현

新聞 신문	戻る 돌아가다, 돌아오다	ハンドバッグ 핸드백
読む 읽다	座席 좌석	
～頃 ~즈음	座る 앉다	

C

 こちらにお座りください。

こちらに座る

1. このペンを使う

2. ここにご住所とお名前を書く

3. 下記事項をご確認の上、申し込む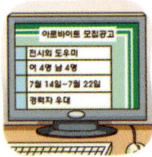

4. 良い週末を送る

ご住所 주소	～の上 ~한 다음에	送る 보내다
下記事項 아래 사항	申し込む 신청하다	
確認 확인	週末 주말	

Pattern practice

 Track 15-06

 보기

(상대방에게) また来(き)てください　(제가) 橋本(はしもと)と言(い)います

またいらっしゃってください。
橋本(はしもと)と申(もう)します。

1 (상대방에게) 映画(えいが)を見(み)てください

2 (상대방에게) 食(た)べてください

3 (제가) 書類(しょるい)を見(み)ました

4 (제가) 明日(あした)行(い)きます

書類(しょるい) 서류

Check

어휘·문법

①~④ 중에서 가장 알맞은 것을 골라 O표 하세요.

1 お客様こちらで少々＿＿＿★＿＿＿ください。
   ① お待ち　　② お待たせ　　③ お待って　　④ 待ち

2 お祖父様は本を＿＿＿★＿＿＿。
   ① 拝見しています　　　　　② お読みしています
   ③ お読みになっています　　④ お読みになさっています

3 お求めになった品物は明日までに＿＿＿★＿＿＿。
   ① 送ってください　　② お送りになります
   ③ お送り致します　　④ お送りしています

🎧 Track 15-07

청취

잘 듣고 ①~③ 중에서 질문의 답으로 가장 알맞은 것을 골라 O표 하세요.

1 東洋銀行のキムと申しますが、坂本社長いらっしゃいますか。
   ①　　②　　③

2 佐藤様にお目にかかりたいのですが…。
   ①　　②　　③

3 あの、田中課長は戻られましたか。
   ①　　②　　③

Kanji & Katakana

한자

しょうしょう 少々 조금, 잠시	しょうしょう 少々	しょうしょう 少々
かいぎしつ 会議室 회의실	かいぎしつ 会議室	かいぎしつ 会議室
えいぎょう 営業 영업	えいぎょう 営業	えいぎょう 営業
おきゃくさま お客様 손님	おきゃくさま お客様	おきゃくさま お客様
かいふく 回復 회복	かいふく 回復	かいふく 回復
ほんとう 本当 정말	ほんとう 本当	ほんとう 本当
かいとう 回答 회답	かいとう 回答	かいとう 回答

가타카나

デスク 데스크	デスク
プロ 프로	プロ

깍듯한 경어를 사용해야 하는 중요한 자리!!

Track 15-08

보기

다음과 같이 경어로 이야기해 보세요.

A : ご兄弟はいらっしゃいますか。
B : はい、姉と弟がおります。

(존) : 존경어, (겸) : 겸양어

いる 있다
(존) いらっしゃる
(겸) おる

出席する 출석하다
(존) ご出席なさる
(겸) 出席いたす

来る 오다
(존) いらっしゃる
(겸) 参る

見る 보다
(존) ご覧になる
(겸) 拝見する

聞く 듣다
(존) お聞きになる
(겸) 拝聴する

知っている 알고 있다
(존) ご存じだ
(겸) 存じている

톡톡 어휘

読む 읽다
(존) お読みになる
(겸) 拝読する

借りる 빌리다
(존) お借りになる
(겸) 拝借する

会う 만나다
(존) お会いになる
(겸) お目にかかる

わかった (의뢰, 요청 등을) 알았다, 알겠다
(존) ご存じだ
(겸) 承知した

〜と思う 〜라고 생각하다
(존) 〜とお思いになる
(겸) 〜と存じる

訪ねる 방문하다
(존) お訪ねになる
(겸) 伺う

見せる 보여주다
(존) お見せになる
(겸) お目にかける

もらう 받다
(존) お受け取りになる
(겸) いただく

〜と言う 〜라고 말하다
(존) 〜とおっしゃる
(겸) 〜と申す

부록 톡톡 회화 해석

unit 01 着物を 着て いる 方は お母さんですか。 기모노를 입고 있는 분은 어머님이십니까? _ 15쪽

주원 : 이 기모노를 입고 있는 분은 어머님이십니까?
미카 : 네, 저희 엄마예요.
주원 : 예쁜 분이시네요. 나카무라 씨는 어머님을 닮았어요.
    그럼 이 분이 아버지시고, 이 분은 오빠이신가요?
미카 : 아니요, 남동생이에요.
주원 : 남동생분이군요. 남동생분은 대학생입니까?
미카 : 네, 대학에서 경영을 전공하고 있어요. 주원 씨의 형제분은요?
주원 : 저는 형제가 없어요. 부모님과 저 3인가족입니다.
미카 : 외동아들이에요? 부럽네요.

unit 02 約束の 時間に 遅れても いいですか。 약속 시간에 늦어도 됩니까? _ 29쪽

아려 : 미카 씨, 지금 뭐하고 있어요?
미카 : 심리테스트를 하고 있어요.
아려 : 그래요? 무슨 심리테스트인데요?
미카 : 연애 심리테스트예요. 아려 씨도 해볼래요?
    질문 1, 남자친구가 약속 시간에 늦어도 됩니까?
아려 : 저는 전혀 상관없어요. 한 시간 정도는 늦어도 돼요.
미카 : 어머~!! 전 절대 안 돼요. 10분 정도는 봐줄 수 있지만.
아려 : 하지만 미카 씨도 자주 약속 시간에 늦잖아요.
미카 : 아, 그것은 그…….

unit 03 中国に 行った ことが ありますか。 중국에 간 적이 있습니까? _ 43쪽

아려 : 미카 씨는 중국에 간 적이 있습니까?
미카 : 네, 한 번 간 적이 있어요.
아려 : 중국의 어디에 갔었나요?
미카 : 하이난이요. 정말로 아름다웠어요
    요리도 맛있었고, 호텔도 최고였어요.
    바다에서 헤엄치기도 하고 쇼핑센터에서 쇼핑하기도 하고, 정말로 즐거웠어요.

아려 : 그렇습니까? 그럼 북경에는 간 적이 없겠네요.
미카 : 가고 싶지만 좀처럼 기회가 없어서…….
아려 : 그럼, 이번 여름방학에 한 번 놀러오세요. 제가 안내할 테니까요.
미카 : 정말요? 꼭 부탁해요.

unit 04 リラックスしたら どうですか。 릴랙스 하는 게 어때요? _ 59쪽

미카 : 무슨 일이에요? 안색이 안 좋네요.
준수 : 면접을 앞두고 조금 무리를 했어요. 머리도 아프고, 몸도 뻐근해요.
미카 : 그거 정말 큰일이네요. 병원에는 안 가도 되겠어요?
준수 : 네, 괜찮아요. 아마 푹 자면 좋아질 것 같아요.
미카 : 그럼, 오늘은 아무것도 하지 않고, 음악이라도 들으면서 릴랙스 하는 게 어때요?
준수 : 감사합니다. 그럼, 지금 바로 집에 가도 될까요?
미카 : 헉, 그러네요. 빨리 집에 가서 쉬는 편이 좋겠네요. 그럼 또 봐요. 건강 잘 챙기시구요.

unit 05 怒らないで ください。 화내지 말아 주세요. _ 71쪽

준수 : 무슨 일 있어요? 굉장히 진지한데요.
미카 : 이번 콘서트 티켓…
　　　절대 놓쳐서는 안 되거든요.
준수 : 그래요? 무슨 콘서트인데요?
미카 : 제가 정말 좋아하는 가수의 콘서트예요! 그런데 티켓 예매는 진짜 전쟁이에요.
　　　이번에는 꼭 성공하고 싶어요.
준수 : 그거 정말 큰일이네요. 그런데 미카 씨가 이렇게 긴장하는 모습은 처음이에요.
미카 : 말 걸지 말아 주세요. 지금, 초집중 모드예요!
준수 : 알, 알겠어요. 화내지 말아 주세요. 무서워요.

부록 톡톡 회화 해석

unit 06 スーツを着なければなりませんね。 정장을 입어야겠네요. _ 85쪽

준수 : 나카무라 씨, 내일 면접 말인데요.
미카 : 네, 뭐예요? 면접 처음이시죠?
　　　아무래도 긴장하게 되죠.
준수 : 정장을 입는 게 좋겠죠?
미카 : 아, 물론이죠! 면접에서 정장은 기본이에요.
준수 : 그렇죠...
　　　역시 정장을 입어야겠네요.
미카 : 뭐, 첫인상이 중요하니까요! 저도 처음 면접 볼 때 옷차림에 정말 신경 많이 썼어요.
준수 : 그래서 결과는 어땠나요? 합격하셨어요?
미카 : 아니요, 설마요! 처음 면접은 그냥 연습이라고 생각하는 게 좋아요.

unit 07 いつでもドライブがてきます。 언제든지 드라이브할 수 있습니다. _ 99쪽

아려 : 준수 선배! 준수 선배!
준수 : 무슨 일이야, 아려?
아려 : 저, 드디어 운전면허를 땄어요.
　　　어제 차도 사서, 언제든지 드라이브할 수 있습니다.
준수 : 대단해! 축하해.
아려 : 저기……. 그래서 선배님에게 부탁이 있는데요…….
준수 : 좋아. 뭔데?
아려 : 지금 바로 운전하는 것은 아직 위험하다고 생각해서, 선배님이 운전을 가르쳐 주셨으면 해요.
준수 : 미안! 믿지 못할지도 모르겠지만, 나 아직 면허가 없어.

unit 08 日本へ留学に行くつもりです。 일본에 유학하러 갈 예정입니다. _ 111쪽

주원 : 나카무라 씨는 언제까지 한국에 있을 예정입니까?
미카 : 여기 생활이 마음에 들어서 가능한 오래 있고 싶은데요.
　　　아마 내년에는 일본에 돌아가야 할 것 같습니다.
주원 : 그렇습니까? 실은 저도 올해 말까지 일하고 일본에 유학 가려고 생각하고 있습니다.

미카 : 갑작스러운 이야기네요.
주원 : 장래를 위해서 용기를 내서 인생의 계획을 새롭게 세울 예정입니다.
미카 : 대단하네요. 저는 진지하게 자신의 장래를 생각한 적이 없는데…….
주원 : 괜찮아요. 나카무라 씨의 걱정은 제가 할 테니까, 모두 저에게 맡겨 주세요.

unit 09 ロトに当たったら何がしたいですか。 로또에 당첨되면 무엇을 하고 싶습니까? _ 123쪽

미카 : 준수 씨, 만약 로또에 당첨된다면 뭐 하고 싶으세요?
　　　평생 일하지 않아도 될 만큼의 돈이 있다면, 뭘 하실 건가요?
준수 : 그렇네요, 정말 꿈같은 이야기네요. 돈이 있으면 아마 돈 걱정 없이 일하겠지요.
　　　돈이 있어도, 일은 평생 계속할 것 같아요. 일은 돈 이상의 의미가 있으니까요.
미카 : 그래요? 저는 만약 로또에 당첨되면, 바로 회사를 그만두고 세계 일주 여행을 갈 것 같아요!
　　　세계곳곳의 멋진 나라들에서 맛있는 걸 마음껏 먹고, 쇼핑도 실컷 하고요.
준수 : 그렇다면, 미카 씨는 이미 로또에 당첨되었다고 생각하시는게 어때요?
　　　항상 맛있는 거 드시고, 쇼핑도 하시잖아요.
미카 : 어머, 저에 대해 잘 아시네요.

unit 10 キャンディーブーケを作ってあげたらどうですか。 사탕부케를 만들어 주면 어떻습니까? _ 137쪽

준수 : 아려한테서 밸런타인데이 선물을 받는데요, 화이트데이에 무엇을 주면 좋을까요?
미카 : 인터넷에서 검색해 보면 어때요?
준수 : 인터넷에서 검색해서 고른 선물보다 정성이 담긴 선물을 주는 것이 좋을 것 같아서.
미카 : 그럼, 사탕부케를 만들어 주면 어때요?
　　　준수 씨가 직접 만든 것이라면 아려 씨 굉장히 감동할 것 같은데요.
준수 : 사탕부케!! 좋은 아이디어네요. 고마워요.
미카 : 이왕이면 제 것도 하나 만들어 주세요.
준수 : 아아, 네…….

부록 톡톡 회화 해석

unit 11 雨が降りそうですから。 비가 내릴 것 같으니까요. _ 153쪽

미카 : 왠지 굉장히 기분이 좋아 보이는데, 무슨 일 있었어?
아려 : 준수 선배가 굉장히 예쁜 사탕부케를 주었어요.
미카 : 직접 만든 것?
아려 : 네. 저를 위해 밤새워서 만들었다고 해요.
저, 굉장히 감동 받았어요.
미카 씨는 화이트데이에 뭔가 받았어요?
미카 : 스트레스 받으니까 그런 것 묻지 마.
그것보다 요전에 새로 생긴 라면집, 알아?
맛있다고 하니까 같이 먹으러 갈래?
아려 : 비가 내릴 것 같으니까, 따뜻한 라면 좋네요.

unit 12 ドラマのような話ですね。 드라마 같은 이야기네요. _ 165쪽

준수 : 요즘 아려가 기운이 없는 것 같은데요.
미카 : 아려 씨, 곧 중국으로 돌아간다고 해요.
다음 달에 교환 유학이 끝난대요.
준수 : 네? 그래요? 겨우 혼자서 차를 탈 수 있게 돼서 기뻐하는 것 같았는데.
미카 : 소문에 의하면 실은 아려 씨 갑부집 외동딸에, 중국의 집은 대궐 같은 호화 저택이라는 것 같아요.
준수 : 마치 드라마 같은 이야기네요.
미카 : 이렇게 되면, 아려 씨가 중국에 못 돌아가도록 준수 씨가 고백하는 수밖에 없어요.

unit 13 告白されたんですか。 고백받으신 거예요? _ 179쪽

아려 : 무슨 고민이라도 있으신가요?
미카 : 그게... 주원 씨한테 갑자기 고백을 받았거든요.
아려 : 뭐라고요?! 고백이요?! 축하드려요.
고백이라니 완전 로맨틱하네요!
미카 : 음... 주원 씨가 좋은 사람이긴 한데, 어제 갑자기 찾아와서 고백을 하니까 좀….
아려 : 아, 그렇군요. 그건 좀 고민되겠어요.

미카 : 아니 뭐, 사실 이런 일이 처음은 아니거든. 나의 인기가 한국에서도 입증됐다고나 할까?
아려 : 헉, 왠지 자랑하는 이야기 듣고 있는 것 같아서, 피곤하네요.

unit 14　雑務ばかりさせられています。 잡무만 하고 있습니다. _ 191쪽

미카 : 요즘, 인턴 일은 어때요?
준수 : 인턴으로서 취직된 것은 좋은데요, 너무나 일이 힘들어서…….
미카 : 상사가 어려운 일을 시키는군요.
준수 : 아니요, 차라리 어려운 일이라면 좋은데, 매일 잡무만 시킵니다.
미카 : 잡무?
준수 : 데이터 입력이나 전화 응대는 물론, 커피까지 사오라고 해요.
미카 : 인턴이니까 어쩔 수 없어요.
　　　저는 지금도 잡무만 하고 있어요.

unit 15　少々お待ちください。 잠시 기다려 주십시오. _ 205쪽

준수 : 저기, 실례합니다.
　　　저는 코리아 은행에서 온 김준수라고 합니다.
안내데스크 : 어떤 용건으로 오셨습니까?
준수 : 오늘은 영업과 과장인 기무라 님을 뵙고 싶어서, 사전에 연락을 드렸습니다만…….
안내데스크 : 알겠습니다. 지금 기무라 과장님에게 연결할 테니, 이쪽에 앉아서 잠시 기다려 주십시오.
준수 : 네, 고맙습니다.
안내데스크 : 많이 기다리셨습니다. 기무라 과장님이 회의실로 안내하라고 하십니다. 이쪽으로 오세요.

부록 톡톡 패턴 정답

unit01 톡톡 패턴 A_본책 21쪽

1. A : キムさんの お祖父様ですか。
   B : はい、私の 祖父です。
2. A : キムさんの お祖母様ですか。
   B : はい、私の 祖母です。
3. A : キムさんの お母さんですか。
   B : はい、私の 母です。
4. A : キムさんの お兄さんですか。
   B : はい、私の 兄です。
5. A : キムさんの お姉さんですか。
   B : はい、私の 姉です。
6. A : キムさんの 奥さんですか。
   B : はい、私の 妻です。

unit01 톡톡 패턴 B_본책 22쪽

1. A : イさんは どの 人ですか。
   B : 帽子を かぶって いる 人です。
2. A : キムさんは どの 人ですか。
   B : コートを 着て いる 人です。
3. A : 鈴木さんは どの 人ですか。
   B : サングラスを かけて いる 人です。
4. A : ワンさんは どの 人ですか。
   B : ヘアーバンドを して いる 人です。

unit01 톡톡 패턴 C_본책 23쪽

1. B : 父と 母と 兄と 私 4人家族です。
2. B : 祖母と 両親と 妹と 私 5人家族です。
3. B : 父と 母と 姉と 私 4人家族です。
4. B : 妻と 息子と 娘と 私 4人家族です。

unit02 톡톡 패턴 A_본책 35쪽

1. A : 韓国語で 話しても いいですか。
   B : いいえ、日本語で 話して ください。
2. A : 私服を 着ても いいですか。
   B : いいえ、ユニホームを 着て ください。
3. A : 友だちと 行っても いいですか。
   B : いいえ、一人で 来て ください。
4. A : ファックスで 送っても いいですか。
   B : いいえ、郵便で 送って ください。

unit02 톡톡 패턴 B_본책 36쪽

1. A : 友だちに 話しても いいですか。
   B : いいえ、話しては いけません。これは 秘密です。
2. A : ちょっと 入っても いいですか。
   B : いいえ、入っては いけません。今は 会議中です。

3 A：窓を 開けても いいですか。
B：いいえ、開けては いけません。冷房中です。
4 A：ここに 車を 止めても いいですか。
B：いいえ、止めては いけません。駐車禁止区域です。

unit02 톡톡 패턴 C_본책 37쪽

1 A：乗って みますか。
B：はい、一度 乗って みたいです。
2 A：作って みますか。
B：はい、一度 作って みたいです。
3 A：着て みますか。
B：はい、一度 着て みたいです。
4 A：食べて みますか。
B：はい、一度 食べて みたいです。
5 A：やって みますか。
B：はい、一度 やって みたいです。
6 A：履いて みますか。
B：はい、一度 履いて みたいです。

unit03 톡톡 패턴 A_본책 50쪽

1 B：映画を 見たり、友だちに 会ったり します。
2 B：コンサートに 行ったり、ドライブに 行ったり します。
3 B：音楽を 聞いたり、本を 読んだり します。
4 B：掃除を したり、洗濯を したり します。

unit03 톡톡 패턴 B_본책 51쪽

1 A：遊園地では 何を しますか。
B：乗り物に 乗ったり、デートを したり します。
2 A：図書館では 何を しますか。
B：本を 借りたり、勉強したり します。
3 A：野球場では 何を しますか。
B：野球を 見たり、チアガールと 応援したり します。
4 A：カフェでは 何を しますか。
B：コーヒーを 飲んだり、友だちと 話したり します。

unit03 톡톡 패턴 C_본책 52쪽

1 A：日本語で 手紙を 書いた ことが ありますか。
B：はい、書いた ことが あります。
いいえ、書いた ことが ありません。
2 A：日本の 料理を 作った ことが ありますか。
B：はい、作った ことが あります。
いいえ、作った ことが ありません。
3 A：ご両親に うそを ついた ことが ありますか。
B：はい、うそを ついた ことが あります。
いいえ、うそを ついた ことが ありません。

부록 톡톡 패턴 정답

4 A：コンビニで アルバイトを した ことが あり ますか。
B：はい、した ことが あります。
いいえ、した ことが ありません。

unit03 톡톡 패턴 D_본책 53쪽

1 A：あの レストランは どうでしたか。
B：雰囲気も よかったし、店員も 親切だったです。

2 A：映画は どうでしたか。
B：俳優の 演技も よかったし、ストーリーも おもしろかったです。

3 A：デパートは どうでしたか。
B：建物も 新しかったし、品物も 多かったです。

4 A：面接は どうでしたか。
B：質問も 難しかったし、体の 調子も 悪かったです。

unit04 톡톡 패턴 A_본책 63쪽

1 A：パソコンが 故障しました。どうしたら いいですか。
B：アフターサービスを 受けたら どうですか。

2 A：スタイルを 変えたいです。どうしたら いいですか。
B：髪を 短く 切ったら どうですか。

3 A：好きな 人が います。どうしたら いいですか。
B：率直に 告白したら どうですか。

4 A：頭が 痛いです。どうしたら いいですか。
B：薬を 飲んだら どうですか。

unit04 톡톡 패턴 B_본책 64쪽

1 B：お腹が 痛いんです。
A：じゃ、早く 病院に 行った 方が いいですよ。

2 B：風邪気味なんです。
A：じゃ、家に 帰って 休んだ 方が いいですよ。

3 B：明日が 試験なんです。
A：じゃ、図書館で 勉強した 方が いいですよ。

4 B：カードを なくしたんです。
A：じゃ、クレジットカード会社に 連絡した 方が いいですよ。

unit04 톡톡 패턴 C_본책 65쪽

1 鏡を 見ながら 歯を 磨きます。
2 音楽を 聞きながら コーヒーを 飲みます。
3 動画を 見ながら 講義を 聞きます。
4 レシピを 見ながら 料理を 作ります。

unit05 톡톡 패턴 A_본책 77쪽

1 ガムを かまないで ください。
2 大きい 声で 話さないで ください。

3 お酒を 飲まないで ください。
4 いたずらを しないで ください。
5 写真を 撮らないで ください。
6 ここに 車を 止めないで ください。

unit05 톡톡 패턴 B_본책 78쪽

1 A：留学に 行った 方が いいですか。
　B：いいえ、留学に 行かない 方が いいと 思います。
2 A：あそこで 働いた 方が いいですか。
　B：いいえ、働かない 方が いいと 思います。
3 A：恋人と 別れた 方が いいですか。
　B：いいえ、別れない 方が いいと 思います。
4 A：早く 結婚した 方が いいですか。
　B：いいえ、早く 結婚しない 方が いいと 思います。

unit05 톡톡 패턴 C_본책 79쪽

1 大事な コップを 割っちゃったんです。
2 試験中 寝ちゃったんです。
3 会議に 遅れちゃったんです。
4 パソコンが 故障しちゃったんです。

unit06 톡톡 패턴 A_본책 91쪽

1 B：レポートを 書かなければなりません。
2 B：料理を 作らなければなりません。
3 B：試験を 受けなければなりません。
4 B：書類を 作成しなければなりません。
5 B：メールをチェックしなければなりません。
6 B：9時までに 学校に 来なければなりません。

unit06 톡톡 패턴 B_본책 92쪽

1 A：お金を 払わなければなりませんか。
　B：いいえ、お金を 払わなくてもいいです。
2 A：写真を 撮らなければなりませんか。
　B：いいえ、写真を撮らなくてもいいです。
3 A：英語で 話さなければなりませんか。
　B：いいえ、英語で話さなくてもいいです。
4 A：朝早く 起きなければなりませんか。
　B：いいえ、朝早く起きなくてもいいです。
5 A：アプリをダウンロードしなければなりませんか。
　B：いいえ、アプリをダウンロードしなくてもいいです。
6 A：試験に 合格しなければなりませんか。
　B：いいえ、試験に合格しなくてもいいです。

부록 톡톡 패턴 정답

unit06 톡톡 패턴 C_본책 93쪽

1. B：日本に留学するために勉強をしています。
2. B：日本の会社に入るために勉強をしています。
3. B：日本のドラマを字幕なしで見るために勉強をしています。
4. B：日本人の友だちと日本語で話すために勉強をしています。
5. B：いい会社に就職するために勉強をしています。
6. B：日本語能力試験を受けるために勉強をしています。

unit07 톡톡 패턴 A_본책 103쪽

1. A：中国語が話せますか。
   B：はい、話せます。／いいえ、話せません。
2. A：日本の歌が歌えますか。
   B：はい、歌えます。／いいえ、歌えません。
3. A：漢字が書けますか。
   B：はい、書けます。／いいえ、書けません。
4. A：ホームページが作れますか。
   B：はい、作れます。／いいえ、作れません。
5. A：日本語でレポートが書けますか。
   B：はい、書けます。／いいえ、書けません。
6. A：通訳ができますか。
   B：はい、できます。／いいえ、できません。

unit07 톡톡 패턴 B_본책 104쪽

1. A：コーヒーショップでおいしいコーヒーを飲むことができます。
   B：そうですね。おいしいコーヒーが飲めますね。
2. A：郵便局で小包を送ることができます。
   B：そうですね。小包が送れますね。
3. A：図書館で本を借りることができます。
   B：そうですね。本が借りられますね。
4. A：コンビニでお弁当を食べることができます。
   B：そうですね。お弁当が食べられますね。
5. A：公園で散歩することができます。
   B：そうですね。散歩できますね。
6. A：自転車で来ることができます。
   B：そうですね。自転車で来られますね。

unit07 톡톡 패턴 C_본책 105쪽

1. A：いい人に会えるでしょうか。
   B：会えないかもしれません。
2. A：留学に行けるでしょうか。
   B：行けないかもしれません。
3. A：彼女は料理が作れるでしょうか。
   B：作れないかもしれません。
4. A：この服が着られるでしょうか。
   B：着られないかもしれません。
5. A：今年入社できるでしょうか。

　　B：入社できないかもしれません。
6　A：あの二人は結婚できるでしょうか。
　　B：結婚できないかもしれません。

unit08 톡톡 패턴 A_본책 115쪽

1　家を買うつもりです。
　　家を買わないつもりです。
2　エステに行くつもりです。
　　エステに行かないつもりです。
3　朝早く家を出るつもりです。
　　朝早く家を出ないつもりです。
4　日本語能力試験を受けるつもりです。
　　日本語能力試験を受けないつもりです。
5　早く結婚するつもりです。
　　早く結婚しないつもりです。
6　図書館に来るつもりです。
　　図書館に来ないつもりです。

unit08 톡톡 패턴 B_본책 116쪽

1　B：ドライブに行こうと思っています。
2　B：小説を読もうと思っています。
3　B：映画を見ようと思っています。
4　B：恋人とデートしようと思っています。
5　B：図書館で勉強しようと思っています。
6　B：学校に来ようと思っています。

unit08 톡톡 패턴 C_본책 117쪽

1　A：来月から私は中国語を習うつもりです。
　　B：私も習おうと思っています。
2　A：来年私は日本に行くつもりです。
　　B：私も行こうと思っています。
3　A：再来月私は引っ越すつもりです。
　　B：私も引っ越そうと思っています。
4　A：明日から私は朝早く起きるつもりです。
　　B：私も早く起きようと思っています。
5　A：再来年私は結婚するつもりです。
　　B：私も結婚しようと思っています。
6　A：今日から私はダイエットするつもりです。
　　B：私もダイエットしようと思っています。

unit09 톡톡 패턴 A_본책 129쪽

1　お金があれば海外旅行に行きたいです。
2　雨が降れば家にいたいです。
3　試験に合格すればおごりたいです。
4　天気がよければドライブに行きたいです。

unit09 톡톡 패턴 B_본책 130쪽

1　スケジュールが決まったら連絡してください。
2　映画が始まったら話さないでください。
3　日本に着いたら電話してください。
4　よく分からなかったら質問してください。

부록 톡톡 패턴 정답

unit09 톡톡 패턴 C_본책 131쪽

1. スイッチを押すと、電気がつきます。
2. ホームページに入ると、写真が見られます。
3. この道を真っ直ぐ行くと、駅があります。
4. 角を曲がると、病院が見えます。

unit10 톡톡 패턴 A_본책 144쪽

1. 私は猫にえさをやりました。
2. 私は彼氏にネクタイをあげました。
3. 私は先生にお花をさしあげました。
4. 私は部長にワインをさしあげました。

unit10 톡톡 패턴 B_본책 145쪽

1. 私は先生に資料をいただきました。
2. 私は親友に本をあげました。
3. 親友は私に財布をくれました。
4. 先生は親友に論文をくださいました。
5. 親友は先生に和菓子をさしあげました。
6. 親友は私に本をもらいました。

unit10 톡톡 패턴 C_본책 146쪽

1. 私は先生に日本語を教えていただきました。
2. 先生は姉に就職先を紹介してくださいました。
3. 姉は私に本を買ってくれました。
4. 私は弟に料理を作ってやりました。
5. 弟は先生に進学相談していただきました。
6. 先生は弟に進学相談してくださいました。

unit10 톡톡 패턴 D_본책 147쪽

1. A: 両親に結婚記念日のプレゼントをしたいんですが。
   B: 結婚記念日のプレゼントなら花束はどうですか。
2. A: 恋人にクリスマスプレゼントをしたいんですが。
   B: クリスマスプレゼントならマフラーはどうですか。
3. A: 先輩に卒業祝いのプレゼントをしたいんですが。
   B: 卒業祝いのプレゼントなら靴はどうですか。
4. A: 同僚に引っ越し祝いのプレゼントをしたいんですが。
   B: 引っ越し祝いのプレゼントなら掃除機はどうですか。

unit11 톡톡 패턴 A_본책 157쪽

1. 天気予報によると明日から寒くなるそうです。
2. 先生の話によると試験は難しくないそうです。
3. 親友の話によるとパーティーは楽しかったそうです。

4 関係者の話によるとプレゼンは成功的に終わったそうです。

5 仕事が大変なようです。

6 あの指輪はペアリングのようです。

unit11 톡톡 패턴 B_본책158쪽

1 赤ちゃんが泣き出しそうです。

2 授業に遅れそうです。

3 彼は頭がよさそうです。

4 彼女は忙しそうです。

5 仕事が大変そうです。

6 彼女は幸せそうです。

unit11 톡톡 패턴 C_본책159쪽

1 難しそうな本ですね。

2 真面目そうな学生ですね。

3 元気そうな子犬ですね。

4 楽しそうに遊んでいますね。

5 悲しそうに泣いていますね。

6 面白そうに笑っていますね。

unit12 톡톡 패턴 A_본책171쪽

1 私の秘密を知っているようです。

2 あの二人は別れたようです。

3 あの夫婦は仲が悪いようです。

4 この頃忙しいようです。

unit12 톡톡 패턴 B_본책172쪽

1 まるでお城のような家ですね。

2 まるで人形のような赤ちゃんですね。

3 まるで雪のような肌ですね。

4 まるでモデルのような人ですね。

5 まるでおもちゃのようなカメラですね。

6 まるで天使のような先生ですね。

unit12 톡톡 패턴 C_본책173쪽

1 先輩は恋人を待っているらしいですよ。

2 橋本さんは試験に合格したらしいですよ。

3 あの映画は面白くないらしいですよ。

4 あのビルは芸能人Kさんの建物らしいですよ。

unit13 톡톡 패턴 A_본책183쪽

1 明日から展示会が開かれます。

2 この新聞は日本で一番多く読まれています。

3 サイコロが投げられました。

4 この製品はハンドメイドで製作されます。

부록 톡톡 패턴 정답

unit13 톡톡 패턴 B_본책 184쪽

1. B：父に叱られたんです。
2. B：母に小言を言われたんです。
3. B：友だちにいじめられたんです。
4. B：すりに財布をすられたんです。
5. B：隣の人に足を踏まれたんです。
6. B：上司に怒られたんです。

unit13 톡톡 패턴 C_본책 185쪽

1. B：みんなの前で友だちに笑われて恥ずかしかったです。
2. B：上司に同僚と比較されて気分が悪いです。
3. B：彼女に泣かれて困っています。
4. B：ペットに死なれて悲しんでいます。

unit14 톡톡 패턴 A_본책 197쪽

1. お母さんは子供に薬を飲ませます。
2. 医者は患者にお酒を止めさせます。
3. 先生は学生に質問に答えさせます。
4. 上司は部下に顧客に電話させます。

unit14 톡톡 패턴 B_본책 198쪽

1. 子供はお母さんに部屋の掃除をさせられました。
2. 彼氏は彼女に荷物を持たせられました。
3. 部下は上司に残業させられました。
4. 後輩は先輩にお酒を飲ませられました。

unit14 톡톡 패턴 C_본책 199쪽

1. ブランド商品ばかり買っています。
2. 音楽ばかり聞いています。
3. 映画ばかり見ています。
4. 運動ばかりしています。
5. インターネットでチャットばかりしています。
6. メールばかりチェックしています。

unit15 톡톡 패턴 A_본책 210쪽

1. タクシーをお呼びします。
2. このデザインをお勧めします。
3. 車をお貸しします。
4. 品物をお送りします。
5. ここでお待ちします。
6. ご質問にお答えします。

unit15 톡톡 패턴 B_본책 211쪽

1. ご家族をお待ちになります。
2. 7時頃お戻りになります。

3 コーヒーをお飲みになります。

4 論文をお書きになります。

5 こちらの座席にお座りになります。

6 ハンドバッグをお買いになります。

unit15 톡톡 패턴 C_본책 212쪽

1 このペンをお使いください。

2 ここにご住所とお名前をお書きください。

3 下記事項のご確認の上、お申し込みください。

4 良い週末をお送りください。

unit15 톡톡 패턴 D_본책 213쪽

1 映画をご覧になってください。

2 召し上がってください。

3 書類を拝見しました。

4 明日参ります。

부록

톡톡 체크 정답 및 청취 스크립트

unit 01 着物を 着て いる 方が お母さんですか。 기모노를 입고 있는 분이 어머님이십니까?

정답 _ 본책 24쪽

어휘·문법 ① ② ② ③ ③ ④
청취 ① ② ② ② ③ ①

청취 스크립트

1 A : 先生は 何人家族ですか。
　　B : 父と 母と 私と 弟、4人家族です。
　　A : 韓国に 住んで いますか。
　　B : いいえ、みんな 日本に 住んで います。

2 A : お父さんは 何を して いますか。
　　B : 父は 会社員です。ソウルの 会社で 働いて います。
　　A : お母さんも 働いて いますか。
　　B : いいえ、母は 主婦です。

3 A : 佐藤さんは 何人家族ですか。
　　B : 両親と 妹と 私 4人家族です。
　　A : そうですか。妹さんは 学生ですか。
　　B : はい、大学で 経営を 勉強して います。
　　A : そうですか。

1 A : 선생님은 몇 인 가족입니까?
　　B : 아버지, 어머니, 저, 남동생 4인 가족입니다.
　　A : 한국에 살고 있습니까?
　　B : 아니요, 모두 일본에 살고 있습니다.

2 A : 아버지는 무엇을 하고 있습니까?
　　B : 아버지는 회사원입니다.
　　　　서울의 회사에서 일하고 있습니다.
　　A : 어머니도 일하고 있습니까?
　　B : 아니요, 어머니는 주부입니다.

3 A : 사토 씨는 몇 인 가족입니까?
　　B : 부모님과 여동생과 저 4인 가족입니다.
　　A : 그렇습니까? 여동생은 학생입니까?
　　B : 네, 대학교에서 경영을 공부하고 있습니다.
　　A : 그렇습니까?

unit 02 約束の 時間に 遅れても いいですか。 약속 시간에 늦어도 됩니까?

정답 _ 본책 38쪽

어휘·문법 ① ② ② ④ ③ ②
청취 ① ① ② ② ③ ①

청취 스크립트

1 先生、質問しても いいですか。
　① はい、かまいません。
　② いいえ、かまいません。
　③ はい、だめです。

2 タバコを 吸っては いけませんか。
　① はい、いいです。
　② はい、だめです。
　③ いいえ、いけません。

3 スーツを 着て みても いいですか。
　① もちろん いいですよ。
　② いいえ、いいです。
　③ はい、いけません。

1 선생님, 질문해도 됩니까?
　① 네, 상관없습니다.
　② 아니요, 상관없습니다.
　③ 네, 안 됩니다.

2 담배를 피워서는 안 됩니까?
　① 네, 좋습니다.
　② 네, 안 됩니다.
　③ 아니요, 안 됩니다.

③ 슈트를 입어봐도 됩니까?
　① 물론 됩니다.
　② 아니요, 좋습니다.
　③ 네, 안 됩니다.

unit 03　中国に 行った ことが ありますか。
중국에 간 적이 있습니까?

정답_본책 54쪽

어휘·문법　1 ①　2 ①　3 ②

청취　　　　1 ②　2 ④　3 ④

청취 스크립트

1 A : 竹下さんは ハワイに 行った ことが ありますか。
　B : はい、3年前 行った ことが あります。
　A : そうですか。ハワイは どうでしたか。
　B : 海も きれいだったし、料理も おいしかったです。吉田さんは ハワイに 行った ことが ありませんか。
　A : はい、まだ 行った ことが ありません。ぜひ 行って みたいです。

2 A : あの 店は どうでしたか。
　B : 料理も おいしかったし、雰囲気も 良かったです。
　A : そうですか。交通は どうですか。
　B : あまり 便利では ありませんでした。

3 A : 鈴木さんは 暇な とき 何を しますか。家で 料理を したり 掃除を したり するんですか。
　B : いいえ、普通 暇な ときは 図書館や カフェに 行きます。

　A : 一人で カフェに?
　B : はい。インターネットを したり、音楽を 聞いたり、コーヒーを 飲んだり。
　A : そうですか。

1 A : 다케시타 씨는 하와이에 간 적이 있습니까?
　B : 네, 3년 전에 간 적이 있습니다.
　A : 그렇습니까? 하와이는 어땠습니까?
　B : 바다도 깨끗했고, 요리도 맛있었습니다. 요시다 씨는 하와이에 간 적이 없습니까?
　A : 네, 아직 간 적이 없습니다. 꼭 가보고 싶습니다.

2 A : 그 가게는 어땠습니까?
　B : 요리도 맛있었고, 분위기도 좋았습니다.
　A : 그렇습니까? 교통은 어떻습니까?
　B : 그다지 편리하지 않았습니다.

3 A : 스즈키 씨는 한가할 때 무엇을 합니까? 집에서 요리를 하거나 청소를 하거나 합니까?
　B : 아니요, 보통 한가할 때는 도서관이나 카페에 갑니다.
　A : 혼자서 카페에?
　B : 네. 인터넷을 하거나 음악을 듣거나 커피를 마시거나.
　A : 그렇습니까?

unit 04　真面目に 仕事を したら どうですか。
성실하게 일하는 게 어떨까요?

정답_본책 66쪽

어휘·문법　1 ①　2 ②　3 ③

청취　　　　1 ②　2 ②　3 ②

청취 스크립트

1 高橋さん、今 何を して いますか。
　① ドラマを 見ながら インターネットを しました。
　② ドラマを 見ながら インターネットを して います。
　③ ドラマを 見ながら インターネットを します。

부록
톡톡 체크 정답 및 청취 스크립트

② スタイルを 変えて みたいんですが、
どうしたら いいですか。
　① パーマを かけましょう。
　② パーマを かけて みたら どうですか。
　③ パーマを かけました。

③ 日本の 会社に 就職したいんですが、
どうしたら いいですか。
　① 日本語で 話します。
　② 日本語を 勉強したら どうですか。
　③ いいですね。就職して ください。

① 다카하시 씨, 지금 무엇을 하고 있습니까?
　① 드라마를 보면서 인터넷을 했습니다.
　② 드라마를 보면서 인터넷을 하고 있습니다.
　③ 드라마를 보면서 인터넷을 합니다.

② 스타일을 바꿔보고 싶은데, 어떻게 하면 좋을까요?
　① 파마를 합시다.
　② 파마를 해 보면 어떻습니까?
　③ 파마를 했습니다.

③ 일본의 회사에 취직하고 싶습니다만, 어떻게 하면 좋을까요?
　① 일본어로 이야기합니다.
　② 일본어 공부를 하면 어떻습니까?
　③ 좋네요. 취직하세요.

unit 05　怒らないで ください。
화내지 말아 주세요.

정답 _ 본책 80쪽

어휘·문법　① ②　② ③　③ ①
청취　　　　① ③　② ②　③ ②

청취 스크립트

① A : ああ。
　B : どうしたんですか。
　A : 明日 重要な 試験が ありますが、全然 勉強しないで 寝ちゃいました。
　B : でも まだ 時間が あります。心配しないで がんばって ください。
　A : ありがとうございます。今日は 寝ないで 勉強します。

② A : どうしたんですか。
　B : 昨日 遅くまで お酒を 飲んで、頭が 痛いです。
　A : 毎晩 お酒を 飲まない 方が いいですよ。
　B : そうですね。今日は お酒を 飲まないで 早く 家に 帰ります。

③ A : ああ、大変、大変。
　B : どうしたんですか。
　A : 重要な 会議に 遅れて しまいました。
　B : 会議は 何時から 何時までですか。
　A : 9時から 11時までです。
　B : 今 10時半ですから、会議に 入らない ほうが いいと 思いますよ。
　A : そうですね。

① A : 아아.
　B : 무슨 일입니까?
　A : 내일 중요한 시험이 있습니다만, 전혀 공부하지 않고 자버렸습니다.
　B : 하지만 아직 시간이 있습니다. 걱정하지 말고 열심히 하세요.
　A : 고맙습니다. 오늘은 안 자고 공부하겠습니다.

② A : 무슨 일입니까?
　B : 어제 늦게까지 술을 마셔서 머리가 아픕니다.
　A : 매일 밤 술을 마시지 않는 것이 좋습니다.
　B : 그렇네요. 오늘은 술을 마시지 않고 빨리 집에 가겠습니다.

3 A : 아아, 큰일이다, 큰일.
　　B : 무슨 일입니까?
　　A : 중요한 회의에 늦고 말았습니다.
　　B : 회의는 몇 시부터 몇 시까지입니까?
　　A : 9시부터 11시까지입니다.
　　B : 지금 10시 반이니까, 회의에 들어가지 않는 것이 좋을 거라고 생각합니다.
　　A : 그렇네요.

unit 06　スーツを着なければなりませんか。
정장을 입어야 합니까?

정답 _ 본책 94쪽

어휘·문법　1 ②　2 ②　3 ③

청취　　　　1 ②　2 ②　3 ④

청취 스크립트

1 A : 吉田さん、アルバイトの面接のことなんですが。
　　B : はい、何ですか。
　　A : スーツを着なければなりませんか。
　　B : いいえ、着なくてもいいですよ。
　　A : ジーンズでもいいですか。
　　B : うーん、ジーンズではだめです。

2 A : 田中さん、今日の夜飲みに行きましょうか。
　　B : すみません。今日は忙しくて仕事をしなければならないんです。
　　A : そうですか。じゃあ、私は他の友だちと…。
　　B : キムさん！明日は会議で朝7時までに来なければなりませんよ。今日はあまり飲まない方がいいですよ。
　　A : あ、忘れていました。じゃ、今日は飲まないで家に早く帰ります。

3 A : 会社は何時に始まりますか。
　　B : 午前9時には仕事を始めなければなりません。
　　A : じゃ、何時までに来なければなりませんか。
　　B : そうですね。仕事を早く覚えるためには9時30分前までには来た方がいいですね。
　　A : 土曜日にも働かなければなりませんか。
　　B : いいえ、土曜日は働かなくてもいいです。

1 A : 요시다 씨, 아르바이트 면접 말인데요.
　　B : 네, 무엇입니까?
　　A : 정장을 입어야 합니까?
　　B : 아니요, 안 입어도 됩니다.
　　A : 청바지라도 괜찮습니까?
　　B : 아니, 청바지는 안 됩니다.

2 A : 다나카 씨, 오늘 저녁 술 마시러 갈까요?
　　B : 죄송합니다. 오늘은 바빠서 일을 해야만 합니다.
　　A : 그렇습니까? 그럼, 저는 다른 친구와…….
　　B : 김 씨! 내일은 회의라서 아침 7시까지 와야만 합니다. 오늘은 너무 마시지 않는 편이 좋아요.
　　A : 아, 잊고 있었습니다. 그럼, 오늘은 마시지 않고 집에 빨리 가겠습니다.

3 A : 회사는 몇 시에 시작합니까?
　　B : 오전 9시에는 일을 시작해야만 합니다.
　　A : 그럼, 몇 시까지 와야 합니까?
　　B : 글쎄요. 일을 빨리 배우기 위해서는 9시 30분 전까지는 오는 것이 좋겠네요.
　　A : 토요일에도 일해야 합니까?
　　B : 아니요, 토요일은 일하지 않아도 됩니다.

부록 톡톡 체크 정답 및 청취 스크립트

unit 07 いつでもドライブができます。
언제든지 드라이브할 수 있습니다.

정답_본책 106쪽

어휘·문법 1 ① 2 ② 3 ③
청취   1 ③ 2 ③ 3 ③

청취 스크립트

1 A : 鈴木さんは英語で話すことができましたよね。
  B : はい。
  A : 実は今日２時にアメリカから友だちが来るんです。
  B : わかりました。でもキムさんも英語ができるでしょう？
  A : 本は読めますが、話すのはちょっと…。
  B : そうですか。

2 A : 池田さんは料理が好きですか。
  B : はい、よく作る方です。
  A : じゃ、どんな料理でも作れますか。
  B : いいえ、いいえ。パスタとか簡単な料理はできますが、難しい料理は作れません。
  A : そうですか。

3 A : ６時、約束の時間ですね。
  B : 先輩、約束を忘れているかもしれませんよ。
  A : 先輩が？ 先輩はお酒の約束は絶対忘れませんよ。
  B : じゃあ、先に行って待ちましょうか。
  A : そうですね。

1 A : 스즈키 씨는 영어로 이야기하는 것이 가능하죠?
  B : 네.
  A : 실은 오늘 2시에 미국에서 친구가 옵니다.
  B : 알겠습니다. 하지만 김 씨도 영어는 할 수 있잖아요?
  A : 책은 읽을 수 있는데, 말하는 것은 좀…….
  B : 그렇습니까?

2 A : 이케다 씨는 요리를 좋아합니까?
  B : 네, 자주 만드는 편입니다.
  A : 그럼, 어떤 요리라도 만들 수 있습니까?
  B : 아뇨, 아뇨. 파스타라든지 간단한 요리는 할 수 있지만, 어려운 요리는 못 만듭니다.
  A : 그렇습니까?

3 A : 6시, 약속 시간이네요.
  B : 선배, 약속을 잊고 있을지도 몰라요.
  A : 선배가? 선배는 술 약속은 절대 안 잊어요.
  B : 그럼, 먼저 가서 기다릴까요?
  A : 그러죠.

unit 08 日本に留学に行くつもりです。
일본에 유학하러 갈 예정입니다.

정답_본책 118쪽

어휘·문법 1 ② 2 ② 3 ②
청취   1 ① 2 ② 3 ②

청취 스크립트

1 キムさんは今年の日本語の試験を受けようと思っていますか。
  ① はい、受けるつもりです。
  ② はい、受けないつもりです。
  ③ いいえ、日本語の試験を受けようと思います。

2 鈴木さんはいつまで韓国にいるつもりですか。

① そうですか。今年日本に帰るんですか。
② 今年いっぱいまでは韓国にいるつもりです。
③ はい、韓国にはいません。

3 会議はいつですか。
① はい、予定がありません。
② 金曜日の2時にある予定です。
③ 午後2時に始まるつもりです。

1 김 씨는 올해 일본어 시험을 치려고 생각하고 있습니까?
① 네, 칠 생각입니다.
② 네, 치지 않을 생각입니다.
③ 아니요, 일본어 시험을 치려고 생각합니다.

2 스즈키 씨는 언제까지 한국에 있을 예정입니까?
① 그렇습니까? 올해 일본으로 돌아갑니까?
② 올해 말까지는 한국에 있을 예정입니다.
③ 네, 한국에는 없습니다.

3 회의는 언제입니까?
① 네, 예정이 없습니다.
② 금요일 2시에 있을 예정입니다.
③ 오후 2시에 시작될 예정입니다.

unit 09 ロトに当たったら何がしたいですか。
로또에 당첨되면 무엇을 하고 싶습니까?

정답_본책 132쪽

어휘·문법 1 ① 2 ① 3 ①
청취   1 ③ 2 ③ 3 ④

청취 스크립트

1 A：明日のハイキング、行きますか。
  B：晴れれば、行きますよ。
  A：でも明日は多分雨ですよ。
  B：そうですね。雨が降れば、ハイキングはちょっと無理ですね。明日、行くのは止めましょうか。
  A：その方がいいですね。来週行きましょう。

2 A：田中さん、コピー機で書類をコピーしたいんですが、ちょっと教えてください。
  B：まずこの緑のボタンを押してください。
  A：はい。
  B：そして、この赤いボタンを押すとコピーができます。
  A：ああ、このボタンですか。ありがとうございます。

3 A：暑かったら車の窓を開けてもいいですよ。
  B：そうですか。どのボタンを押せばいいですか。このボタンですか。
  A：そのボタンを押すと電気がつきますよ。
  B：この白いボタンですか。
  A：いいえ、その下の黒いボタンです。
  B：あ、これですね。ありがとうございます。

1 A : 내일 하이킹 갑니까?
  B : 날씨가 맑으면, 갈 겁니다.
  A : 하지만 내일은 아마 비가 내릴 거예요.
  B : 그렇군요. 비가 온다면, 하이킹은 조금 무리겠네요. 내일 가는 것은 그만둘까요?
  A : 그러는 편이 좋겠네요. 다음 주에 갑시다.

2 A : 다나카 씨, 복사기에서 서류를 복사하고 싶은데, 좀 가르쳐 주세요.
  B : 우선 이 초록색 버튼을 눌러주세요.
  A : 네.
  B : 그리고, 이 빨간색 버튼을 누르면 복사 가능합니다.

A : 아~, 이 버튼입니까? 고맙습니다.

3 A : 더우면 차 창문을 열어도 됩니다.
   B : 그렇습니까? 어떤 버튼을 누르면 됩니까? 이 버튼입니까?
   A : 그 버튼을 누르면 전기가 들어옵니다.
   B : 이 흰색 버튼입니까?
   A : 아니요, 그 아래 검은색 버튼입니다.
   B : 아, 이거군요. 고맙습니다.

unit 10 キャンディーブーケを作ってあげたらどうですか。
사탕부케를 만들어 주면 어떻습니까?

정답 _ 본책 148쪽

어휘·문법   1 ②   2 ②   3 ③

청취   1 ②   2 ②   3 ①

청취 스크립트

1 家で母に料理を教えてもらっています。
  ① そうですか。お母さんが教えてもらうんですか。
  ② そうですか。お母さんが教えてくださるんですか。
  ③ そうですか。お母さんが教えていただきますか。

2 娘に車で駅まで送ってもらっています。
  ① 娘さんに運転してくれるんですか。
  ② 娘さんが運転してくれるんですか。
  ③ 娘さんが運転してもらうんですか。

3 池田先生に本をいただきました。
  ① 池田先生がくださったんですか。
  ② 池田先生にやったんですか。
  ③ 池田先生にさしあげたんですか。

1 집에서 엄마에게 요리를 가르쳐 받고 있습니다.
  (= 집에서 엄마에게 요리를 배우고 있습니다.)
  ① 그렇습니까? 어머니가 가르쳐 주십니까?
  ② 그렇습니까? 어머니가 가르쳐 주십니까?
  ③ 그렇습니까? 어머니가 가르쳐 받습니까?

2 딸에게 차로 역까지 바래다 받고 있습니다.
  (= 딸이 차로 역까지 데려다 주고 있습니다.)
  ① 딸에게 운전해 주십니까?
  ② 딸이 운전해 주십니까?
  ③ 딸이 운전해 받습니까?

3 이케다 선생님에게 책을 받았습니다.
  ① 이케다 선생님이 주셨습니까?
  ② 이케다 선생님에게 주었습니까?
  ③ 이케다 선생님에게 드렸습니까?

unit 11 雨が降りそうですから。
비가 내릴 것 같으니까요.

정답 _ 본책 160쪽

어휘·문법   1 ①   2 ③   3 ②

청취   1 ③   2 ②   3 ③

청취 스크립트

1 A : 雑誌によると今日本で韓国の歌がとても人気があるそうですよ。
  B : うれしいですね。
  A : また歌や料理も人気ですが、ドラマが一番人気だそうです。
  B : そうですか。
  A : それで韓国の映画を見て、韓国語を勉強する人もたくさんいるそうです。

2 A : 今日はとても寒いですね。
  B : そうですね。天気予報によると明日はもっと寒くなるそうですよ。

A : そうですか。じゃ、明日は服をたくさん着てもっと暖かくした方がいいですね。
B : そうですね。

3 A : 雨が降りそうな天気ですね。
B : そうですね。こんな日にはおいしいラーメンが食べたいですね。
A : 会社の前にできた新しいラーメン屋、どうですか。おいしそうでしたけど。
B : 同僚の話によるとあそこのラーメンあまりおいしくないそうですよ。高いし…。
A : そうですか。じゃ、この前行った店に行きましょう。
B : そうしましょう。

1 A : 잡지에 의하면 지금 일본에서 한국 노래가 굉장히 인기 있다고 합니다.
B : 기쁘네요.
A : 또한, 노래나 요리도 인기지만, 드라마가 가장 인기라고 합니다.
B : 그렇습니까?
A : 그래서 한국 영화를 보고, 한국어를 공부하는 사람도 많이 있다고 합니다.

2 A : 오늘은 굉장히 춥네요.
B : 그렇네요. 일기예보에 의하면 내일은 더 추워진다고 합니다.
A : 그렇습니까? 그럼, 내일은 옷을 많이 입고 좀 더 따뜻하게 하는 편이 좋겠네요.
B : 그렇네요.

3 A : 비가 올 것 같은 날씨네요.
B : 그렇네요. 이런 날에는 맛있는 라면이 먹고 싶네요.
A : 회사 앞에 생긴 새로운 라면집 어떻습니까? 맛있어 보이던데요.
B : 동료의 이야기에 의하면 그 집 라면 그다지 맛있지 않다고 해요. 비싸고…….
A : 그렇습니까? 그럼, 요전에 갔던 가게로 갑시다.
B : 그럽시다.

unit 12 ドラマのような話ですね。
드라마 같은 이야기네요.

정답_본책 174쪽

어휘·문법   1 ③   2 ②   3 ①
청취   1 ①   2 ①   3 ③

청취 스크립트

1 外がうるさいですね。
① 近くでロックコンサートがあるらしいです。
② 近くでロックコンサートがあったようです。
③ 近くでロックコンサートのようです。

2 この頃先輩は遊びに来ないですね。
① そうですね。最近とても忙しいようですね。
② そうですね。最近とても楽しかったようですね。
③ そうですね。最近とても元気なようですね。

3 彼女、日本語がとても上手ですね。
① 友だちの話によると、英語も上手そうですよ。
② 友だちの話によると、英語も上手ですよ。
③ 友だちの話によると、英語も上手らしいですよ。

1 밖이 시끄럽네요.
① 근처에서 록 콘서트가 있는 것 같습니다.
② 근처에서 록 콘서트가 있었던 것 같습니다.
③ 근처에서 록 콘서트인 것 같습니다.

부록 — 톡톡 체크 정답 및 청취 스크립트

2 요즘 선배는 놀러오지 않네요.
① 그렇네요. 요즘 굉장히 바쁜 것 같아요.
② 그렇네요. 요즘 굉장히 즐거웠던 것 같아요.
③ 그렇네요. 요즘 굉장히 건강한 것 같아요.

3 그녀, 일본어를 굉장히 잘하는군요.
① 친구 이야기에 의하면 영어도 잘할 것 같습니다.
② 친구 이야기에 의하면 영어도 잘합니다.
③ 친구 이야기에 의하면 영어도 잘하는 것 같아요.

unit 13 まさか誰かに会ったんですか。
설마 누군가를 만난 겁니까?

정답_본책 186쪽

어휘·문법 **1** ② **2** ③ **3** ③
청취   **1** ② **2** ④ **3** ①

청취 스크립트

1
A：この街は賑やかですてきですね。
B：そうですね。すてきなカフェやお店もいっぱいありますね。
A：あの店のデザイン、すてきですね。
B：ああ、あの店ですか。有名なデザイナーによって作られた店ですよ。タレントのホンの店で多くの人々に知られています。
A：そうですか。一度入ってみましょうか。
B：いいですね。そうしましょう。

2
A：どうしたんですか。元気ないですね。
B：昨日病院に行って来たんですよ。
A：そうですか。それでどうだったんですか。
B：医者にお酒とタバコは止めた方がいいと言われました。

A：体によくないですからね。ダイエットもした方がいいですよ。
B：ダイエットより毎日運動するように言われました。

3
A：旅行は楽しかったですか。
B：楽しかったですけど、大変でした。
A：何かあったんですか。
B：ええ、すりに財布をすられて…。それに誕生日にもらった腕時計までなくして…。
A：腕時計も一緒にすられちゃったんですか。
B：いいえ、腕時計は地下鉄でなくしてしまったんです。

1
A：이 길은 번화하고 멋지군요.
B：그렇네요. 멋진 카페나 가게도 많이 있네요.
A：저 가게의 디자인, 멋지네요.
B：아아, 저 가게 말입니까? 유명한 디자이너에 의해 지어진 가게입니다. 탤런트 홍 씨의 가게로, 많은 사람들에게 알려져 있습니다.
A：그렇습니까? 한 번 들어가 볼까요?
B：좋습니다. 그럽시다.

2
A：무슨 일입니까? 기운이 없네요.
B：어제 병원에 갔다 왔거든요.
A：그렇습니까? 그래서 어땠습니까?
B：의사에게 술과 담배를 끊는 편이 좋다는 말을 들었습니다.
A：몸에 좋지 않으니까요. 다이어트도 하는 편이 좋아요.
B：다이어트보다 매일 운동하라는 말을 들었습니다.

3
A：여행은 재미있었습니까?
B：재미있었지만, 힘들었습니다.
A：무슨 일 있었습니까?
B：네, 도둑에게 지갑을 도둑맞아서……. 거기다 생일 때 받은 손목시계까지 없어져서…….

A : 손목시계도 같이 도둑맞았습니까?
B : 아니요, 손목시계는 지하철에서 잃어버리고 말았습니다.

unit 14 雑務ばかりさせられています。
잡무만 하고 있습니다.

정답_본책 200쪽

어휘・문법　① ③　② ③　③ ②

청취　① ④　② ③　③ ③

청취 스크립트

① A : 今井さんは洗濯とか掃除とか娘さんにさせますか。
B : 自分のことは自分でやるようにさせていますが、洗濯は私がしています。でも食事のあとは必ず毎日自分が使ったコップを洗わせます。それから休みの日には部屋の掃除をさせます。
A : 買い物にも行かせますか。
B : いいえ、買い物は時々いっしょに行きますが、子供一人では行かせません。
A : そうですか。

② A : 新しく入った会社はどうですか。
B : いろいろと大変です。まだ新入社員ですから。仕事を習うためには仕方ないですけど…。
A : そうですか。どんな仕事ですか。
B : 今は雑務のような仕事ばかりですね。メールをチェックしたり電話応対したり資料を検索したりコピーしたり…。
A : 大変ですね。残業もよくさせられますか。

B : いいえ、仕事が終わる時間は決まっていて残業しなくてもいいです。
A : それはいいですね。

③ A : 日本語の授業は面白いですか。
B : ええ、とても面白いですよ。
A : そうですか。授業中先生は学生たちに何をさせますか。
B : 本を読ませたり、漢字を書かせたり隣の人と日本語で話させたりします。
A : 日本語で説明させたりもしますか。
B : いいえ、まだ日本語で説明するのは大変なので日本語で説明させられたりはしません。
A : そうですか。

① A : 이마이 씨는 세탁이라든가 청소라든가 따님에게 시킵니까?
B : 자신의 것은 스스로 하도록 시키고 있습니다만, 세탁은 제가 하고 있습니다.
하지만 식사 후에는 반드시 매일 자신이 사용한 컵을 씻도록 합니다. 그리고 쉬는 날에는 방 청소를 시킵니다.
A : 물건 사는 것도 가게 합니까?
B : 아니요, 물건 사기는 가끔 같이 갑니다만, 아이 혼자서는 가게 하지 않습니다.
A : 그렇습니까?

② A : 새로 들어간 회사는 어떻습니까?
B : 여러 가지로 힘듭니다. 아직 신입사원이니까요. 일을 배우기 위해서는 어쩔 수 없지만……
A : 그렇습니까? 어떤 일입니까?
B : 지금은 잡무와 같은 일뿐입니다.
메일을 확인하거나 전화 응대를 하거나 자료를 검색하거나 복사하거나……
A : 힘들겠네요. 야근도 자주 시킵니까?
B : 아니요, 일이 끝나는 시간은 정해져 있어서 야근하지 않아도 됩니다.
A : 그건 좋네요.

부록 **243**

부록 톡톡 체크 정답 및 청취 스크립트

3 A : 일본어 수업은 재미있습니까?
   B : 네, 굉장히 재미있습니다.
   A : 그렇습니까? 수업 중에 선생님은 학생들에게 무엇을 시킵니까?
   B : 책을 읽게 하거나, 한자를 쓰게 하거나 옆 사람과 일본어로 말하게 하거나 합니다.
   A : 일본어로 설명하기도 시킵니까?
   B : 아니요, 아직 일본어로 설명하는 것은 힘들어서 일본어로 설명하기는 하지 않습니다.
   A : 그렇습니까?

unit 15 少々お待ちください。
잠시 기다려 주십시오.

정답_본책 214쪽

어휘·문법 1 ①   2 ③   3 ③
청취   1 ①   2 ②   3 ③

청취 스크립트

1 東洋銀行のキムと申しますが、坂本社長いらっしゃいますか。
  ① すみません。ただ今坂本は食事に出ております。
  ② すみません。ただ今坂本は食事に出ていらっしゃいます。
  ③ すみません。ただ今坂本は食事を召し上がりました。

2 佐藤様にお目にかかりたいのですが…。
  ① かしこまりました。少々待ってください。
  ② かしこまりました。少々お待ちください。
  ③ わかりました。少々待ってください。

3 あの、田中課長は戻られましたか。
  ① はい、戻られました。電話をおつなぎしましょうか。
  ② はい、お戻りになりました。電話をおつなぎしましょうか。
  ③ はい、戻りました。電話をおつなぎしましょうか。

1 동양은행의 김이라고 합니다만, 사카모토 사장님 계십니까?
  ① 죄송합니다. 지금 사카모토 사장님은 식사하러 나가 있습니다.
  ② 죄송합니다. 지금 사카모토 사장님은 식사하러 나가 계십니다.
  ③ 죄송합니다. 지금 사카모토 사장님은 식사를 드셨습니다.

2 사토 씨를 뵙고 싶습니다만……
  ① 알겠습니다. 잠시 기다려 주세요.
  ② 알겠습니다. 잠시 기다려 주세요.
  ③ 알겠습니다. 잠시 기다려 주세요.

3 여보세요, 다나카 과장님은 돌아오셨습니까?
  ① 네, 돌아오셨습니다. 전화를 연결할까요?
  ② 네, 돌아오셨습니다. 전화를 연결할까요?
  ③ 네, 돌아왔습니다. 전화를 연결할까요?

부록 톡톡 문법 색인 (오십음도 순)

- ~かもしれない　~일지도 모른다　unit 07-03 · · · · · · · · · · · · · · · · 102
- ~かもしれません　~일지도 모릅니다　unit 07-03 · · · · · · · · · · · · 102
- ~から　~때문에, ~이니까　unit 03-04 · 48
- こられる(수동형)　unit 13-01 · 180
- される(수동형)　unit 13-01 · 180
- ~し~　~고~　unit 03-05 · 49
- ~そうだ　~라고 한다(전문)　unit 11-01 · · · · · · · · · · · · · · · · · 154-155
- ~そうだ　~처럼 보인다, ~인 것 같다　unit 11-02 · · · · · · · · · 155-156
- た형+ことが あります/ありません　~ㄴ 적이 있습니다/없습니다　unit 03-02 · · · · · 46
- ~た 方が いい(です)　~하는 편이 좋다(좋습니다)　unit 04-03 · · · · · · · 61
- ~ために　~위해서　unit 06-03 · 90
- ~ための~　~위한 ~　unit 06-03 · 90
- ~たら　~(하)면　unit 09-02 · 126-127
- ~たら いいですか　~하면 됩니까?　unit 04-01 · · · · · · · · · · · · · · · · 60
- ~たら どうですか　~하는 게 어떨까요?　unit 04-02 · · · · · · · · · · · · 60
- ~たり、~たり します　~거나, ~거나 합니다　unit 03-03 · · · · · · · 46-48
- ~だろう　~이겠지　unit 07-02 · 102
- ~てあげる　~해 주다　unit 10-02① · 140
- ~ていただく　~해 주시다　unit 10-02③ · 141
- ~て います　~고 있습니다(상태)　unit 01-01 · · · · · · · · · · · · · · · · · 16
- ~て いる 명사　~고 있는 ~　unit 01-02 · 17
- ~てくださる　~해 주시다　unit 10-02② · 140
- ~てくれる　~해 주다　unit 10-02② · 140
- ~て しまう(ちゃう)　~고 말다　unit 05-05 · · · · · · · · · · · · · · · · · · 76
- ~でしょう　~이겠지요　unit 07-02 · 102
- ~ては いけません　~해서는 안 됩니다　unit 02-02 · · · · · · · · · · 32-33
- ~ては だめです　~해서는 안 됩니다　unit 02-02 · · · · · · · · · · · · 32-33

색인 **245**

부록 톡톡 문법 색인(오십음도 순)

- ☐ ~て みる 해보다 unit 02-03 ······················ 31
- ☐ ~ても いいです ~해도 좋습니다 unit 02-01 ················ 30-31
- ☐ ~ても かまいません ~해도 상관없습니다, ~해도 개의치 않습니다 unit 02-01 ······ 30-31
- ☐ ~てもらう ~해 주다 unit 10-02③ ··················· 141
- ☐ ~てやる ~해 주다 unit 10-02① ··················· 140
- ☐ ~と ~(하)면 unit 09-03 ······················ 128
- ☐ ~と 思(おも)います ~라고 생각합니다 unit 04-05 ············· 62
- ☐ ~ないで ~지 않고, ~지 말고 unit 05-02 ················· 75
- ☐ ~ないで ください ~지 말아 주세요 unit 05-03 ·············· 75
- ☐ ~ない 方(ほう)が いい ~지 않는 편이 좋다 unit 05-04 ············ 76
- ☐ ~ないように ~하지 않도록 unit 12-05 ················· 170
- ☐ ~ながら ~하면서(동시 동작) unit 04-04 ················· 61
- ☐ ~なくてもいい ~하지 않아도 된다 unit 06-02 ············· 88-89
- ☐ ~なくてもいいです ~하지 않아도 됩니다 unit 06-02 ··········· 88-89
- ☐ ~なければならない ~하지 않으면 안 된다 unit 06-01 ··········· 86-87
- ☐ ~なければなりません ~하지 않으면 안 됩니다 unit 06-01 ········· 86-87
- ☐ ~なら ~한다면, ~(이)라면 unit 10-03 ··············· 142-143
- ☐ 何人家族(なんにんかぞく) 몇 인 가족 unit 01-04 ················ 20
- ☐ ~ば ~(하)면 unit 09-01 ···················· 124-125
- ☐ ~ばかり ~만 unit 14-03 ······················ 196
- ☐ ~ようだ ~같다 unit 12-02 ···················· 168-169
- ☐ ~ような ~같은 unit 12-03 ······················ 169
- ☐ ~ように ~처럼 unit 12-03 ······················ 169
- ☐ ~らしい ~인 것 같다 unit 12-01 ·················· 166-167
- ☐ ~られる (수동형) unit 13-01 ····················· 180
- ☐ ~れる (수동형) unit 13-01 ······················ 180
- ☐ 가능 표현 unit 07-01 ······················ 100-101

- □ 가능형 + ようになる ~할 수 있게 되다 unit 12-04 · · · · · · · · · · · · · · · · · · · 170
- □ 가족 소개 unit 01-03 · · · · · · · · · · · · · · · · · · · 18-19
- □ 각 품사의 과거형(た형) unit 03-01 · · · · · · · · · · · · · · · · · · · 44-45
- □ 각 품사의 부정형(ない형) unit 05-01 · · · · · · · · · · · · · · · · · · · 72-74
- □ 겸양 어법 お(ご) + ます형 unit 15-02① · · · · · · · · · · · · · · · · · · · 208
- □ 겸양 표현 unit 15-02 · · · · · · · · · · · · · · · · · · · 208
- □ 동사 て형 + ばかり + いる unit 14-03② · · · · · · · · · · · · · · · · · · · 196
- □ 동사 + ように ~하도록 unit 12-05 · · · · · · · · · · · · · · · · · · · 170
- □ 동사 + れる, られる unit 15-01② · · · · · · · · · · · · · · · · · · · 206
- □ 동작성 명사 + する(致す) unit 15-02① · · · · · · · · · · · · · · · · · · · 208
- □ 동작성 명사 + になる unit 15-01① · · · · · · · · · · · · · · · · · · · 206
- □ 명사 + ばかり unit 14-03① · · · · · · · · · · · · · · · · · · · 196
- □ 복합 동사 unit 08-02 · · · · · · · · · · · · · · · · · · · 114
- □ 사역 수동 unit 14-02 · · · · · · · · · · · · · · · · · · · 194-195
- □ 사역형 ～せる ~시키다 unit 14-01 · · · · · · · · · · · · · · · · · · · 192-193
- □ 사역형 ～させる ~시키다 unit 14-01 · · · · · · · · · · · · · · · · · · · 192-193
- □ 수수 표현 ① unit 10-01 · · · · · · · · · · · · · · · · · · · 138-139
- □ 수수 표현 ② unit 10-02 · · · · · · · · · · · · · · · · · · · 140-141
- □ 의지와 예정 표현 unit 08-01 · · · · · · · · · · · · · · · · · · · 112-113
- □ 일반 수동 unit 13-02 · · · · · · · · · · · · · · · · · · · 181
- □ 존경 당부 표현 unit 15-01③ · · · · · · · · · · · · · · · · · · · 207
- □ 존경 어법 お(ご) + ます형 unit 15-01① · · · · · · · · · · · · · · · · · · · 206
- □ 존경 표현 unit 15-01 · · · · · · · · · · · · · · · · · · · 206-207
- □ 특수 겸양어 unit 15-02② · · · · · · · · · · · · · · · · · · · 208
- □ 특수 경어 unit 15-03 · · · · · · · · · · · · · · · · · · · 209
- □ 특수 존경어 unit 15-01④ · · · · · · · · · · · · · · · · · · · 207
- □ 피해 수동 unit 13-03 · · · · · · · · · · · · · · · · · · · 182

부록 톡톡 문법 색인 (오십음도 순)

- ☐ (사람이) ~받다, ~히다, ~리다, 당하다 unit 13-02② 181
- ☐ (사물, 사건이) ~어지다 unit 13-02① 181
- ☐ 1그룹 동사의 사역 수동형 unit 14-02① 194
- ☐ 1그룹 동사의 사역형 unit 14-01① 192
- ☐ 1그룹 동사의 수동형 unit 13-01① 180
- ☐ 2그룹 동사의 사역 수동형 unit 14-02② 194
- ☐ 2그룹 동사의 사역형 unit 14-01② 192
- ☐ 2그룹 동사의 수동형 unit 13-01② 180
- ☐ 3그룹 동사의 사역 수동형 unit 14-02③ 194
- ☐ 3그룹 동사의 사역형 unit 14-01③ 192
- ☐ 3그룹 동사의 수동형 unit 13-01③ 180

| 일본어뱅크 |

NEW
도모다찌
일본어 하
워크북

동양북스

| 일본어뱅크 |

NEW 도모다찌 일본어 하
워크북

동양북스

unit 01 着物を 着て いる 方は お母さんですか。
기모노를 입고 있는 분은 어머님이십니까?

unit 01 톡톡 패턴 본 책 21-23쪽

DATE :   .   .

A
A : キムさんの お父さんですか。(お父さん・父)
B : はい、私の 父です。

1. お祖父様・祖父 → A: _____
   B: _____

2. お祖母さま・祖母 → A: _____
   B: _____

3. お母さん・母 → A: _____
   B: _____

4. お兄さん・兄 → A: _____
   B: _____

5. お姉さん・姉 → A: _____
   B: _____

6. 奥さん・妻 → A: _____
   B: _____

낱말과 표현

お父さん 아버님　　　　祖母 조모　　　　　　お姉さん 누님, 언니
父 아버지　　　　　　　お母さん 어머님　　　姉 언니, 누나
お祖父様 할아버님　　　母 어머니　　　　　　奥さん 부인
祖父 조부　　　　　　　お兄さん 형님, 오빠　妻 아내, 처
お祖母さま 할머님　　　兄 형, 오빠

DATE :   .   .

B

A: 中村さんは どの 人ですか。(中村さん・スカーフを する)

B: スカーフを して いる 人です。

1 イさん・帽子を かぶる

→ A: _____
　 B: _____

2 キムさん・コートを 着る

→ A: _____
　 B: _____

3 鈴木さん・サングラスを かける

→ A: _____
　 B: _____

4 ワンさん・ヘアーバンドを する

→ A: _____
　 B: _____

낱말과 표현

スカーフ 스카프	コート 코트	かける 끼다, 쓰다
帽子 모자	着る 입다	ヘアーバンド 헤어밴드
かぶる 쓰다	サングラス 선글라스	

C

A: 何人家族ですか。(父, 母, 私, 3人家族)

B: 父と 母と 私 3人家族です。

1. 父, 母, 兄, 私, 4人家族

   → B: _____

2. 祖母, 両親, 妹, 私, 5人家族

   → B: _____

3. 父, 母, 姉, 私, 4人家族

   → B: _____

4. 妻, 息子, 娘, 私, 4人家族

   → B: _____

| 両親 부모님 | 息子 아들 | 娘 딸 |

unit 01 톡톡 펜맨십 본책 25쪽

DATE :   .   .

한자

| そふ
祖父
조부 | そふ
祖父 | そふ
祖父 | | |

| そぼ
祖母
조모 | そぼ
祖母 | そぼ
祖母 | | |

| ちち
父
아버지 | ちち
父 | ちち
父 | | |

| はは
母
어머니 | はは
母 | はは
母 | | |

| あに
兄
형, 오빠 | あに
兄 | あに
兄 | | |

| あね
姉
누나, 언니 | あね
姉 | あね
姉 | | |

| おとうと
弟
남동생 | おとうと
弟 | おとうと
弟 | | |

가타카나

| サングラス
선글라스 | サングラス | |
| ヘアーバンド
헤어밴드 | ヘアーバンド | |

01 着物を 着て いる 人は お母さんですか。

unit 02 約束の 時間に 遅れても いいですか。
약속시간에 늦어도 됩니까?

unit 02 톡톡 패턴 본책 35-37쪽   DATE :   .   .

A
A : ひらがなで 書いても いいですか。(ひらがなで 書く・漢字で 書く)
B : いいえ、漢字で 書いて ください。

1. 韓国語で 話す・日本語で 話す
   → A : _____
   　 B : _____

2. 私服を 着る・ユニホームを 着る
   → A : _____
   　 B : _____

3. 友だちと 行く・一人で 来る
   → A : _____
   　 B : _____

4. ファックスで 送る・郵便で 送る
   → A : _____
   　 B : _____

 낱말과 표현

書く 쓰다　　　　　着る 입다　　　　　来る 오다
漢字 한자　　　　　ユニホーム 유니폼　　ファックス 팩스
韓国語 한국어　　　友だち 친구　　　　送る 보내다
私服 사복　　　　　一人で 혼자서　　　郵便 우편

DATE :   .   .

B
A : ここで タバコを 吸っても いいですか。(ここで タバコを 吸う・
　　ここは 禁煙エリア)
B : いいえ、吸っては いけません。
　　ここは 禁煙エリアです。

1 友だちに 話す・これは 秘密

→ A : _____

　 B : _____

2 ちょっと 入る・今は 会議中

→ A : _____

　 B : _____

3 窓を 開ける・冷房中

→ A : _____

　 B : _____

4 ここに 車を 止める・駐車禁止区域

→ A : _____

　 B : _____

낱말과 표현

吸う (담배를) 피우다	入る 들어가다	冷房中 냉방 중
禁煙エリア 금연구역	会議中 회의 중	止める 세우다
秘密 비밀	窓 창문	駐車禁止区域 주차금지 구역
ちょっと 잠깐, 조금	開ける 열다	

02 約束の 時間に 遅れても いいですか。

DATE :   .   .

C

A : <u>行って みますか。</u>(行く)

B : はい、一度 <u>行って みたいです。</u>

1. 乗る   → A : _____
            B : _____

2. 作る   → A : _____
            B : _____

3. 着る   → A : _____
            B : _____

4. 食べる → A : _____
            B : _____

5. やる   → A : _____
            B : _____

6. 履く   → A : _____
            B : _____

낱말과 표현

行く 가다　　　作る 만들다　　　やる 하다
一度 한 번　　　着る 입다　　　　履く 신다
乗る 타다　　　食べる 먹다

unit 02 톡톡 펜맨십 본 책 39쪽

DATE :   .   .

한자

しんり 心理 심리	しんり 心理	しんり 心理		
ないよう 内容 내용	ないよう 内容	ないよう 内容		
れんあい 恋愛 연애	れんあい 恋愛	れんあい 恋愛		
ひみつ 秘密 비밀	ひみつ 秘密	ひみつ 秘密		
やくそく 約束 약속	やくそく 約束	やくそく 約束		
ぜんぜん 全然 전혀	ぜんぜん 全然	ぜんぜん 全然		

가타카나

エリア 구역	エリア	
パソコン 컴퓨터	パソコン	
ユニホーム 유니폼	ユニホーム	

02 約束の 時間に 遅れても いいですか。

unit 03 中国に 行った ことが ありますか。
중국에 간 적이 있습니까?

unit 03 톡톡 패턴 본책 50-53쪽

DATE :   .   .

A

A : 暇な とき 何を しますか。(ゲームを する・インターネットを する)

B : <u>ゲームを したり、インターネットを したり します。</u>

1 映画を 見る・友だちに 会う

　→ B : _____

2 コンサートに 行く・ドライブに 行く

　→ B : _____

3 音楽を 聞く・本を 読む

　→ B : _____

4 掃除を する・洗濯を する

　→ B : _____

낱말과 표현

暇だ 한가하다	見る 보다	聞く 듣다
とき 때	会う 만나다	本 책
ゲーム 게임	コンサート 콘서트	読む 읽다
インターネット 인터넷	ドライブ 드라이브	掃除 청소
映画 영화	音楽 음악	洗濯 세탁

B

A：ショッピングセンターでは 何を しますか。(ショッピングセンター /
　　ショッピングを する・食事を する)

B：ショッピングを したり、食事を したり します。

1. 遊園地 / 乗り物に 乗る・デートを する

   → A：＿＿＿＿＿＿＿＿＿＿＿＿＿＿＿＿＿＿＿＿＿＿＿＿＿＿

   　 B：＿＿＿＿＿＿＿＿＿＿＿＿＿＿＿＿＿＿＿＿＿＿＿＿＿＿

2. 図書館 / 本を 借りる・勉強する

   → A：＿＿＿＿＿＿＿＿＿＿＿＿＿＿＿＿＿＿＿＿＿＿＿＿＿＿

   　 B：＿＿＿＿＿＿＿＿＿＿＿＿＿＿＿＿＿＿＿＿＿＿＿＿＿＿

3. 野球場 / 野球を 見る・チアガールと 応援する

   → A：＿＿＿＿＿＿＿＿＿＿＿＿＿＿＿＿＿＿＿＿＿＿＿＿＿＿

   　 B：＿＿＿＿＿＿＿＿＿＿＿＿＿＿＿＿＿＿＿＿＿＿＿＿＿＿

4. カフェ / コーヒーを 飲む・友だちと 話す

   → A：＿＿＿＿＿＿＿＿＿＿＿＿＿＿＿＿＿＿＿＿＿＿＿＿＿＿

   　 B：＿＿＿＿＿＿＿＿＿＿＿＿＿＿＿＿＿＿＿＿＿＿＿＿＿＿

낱말과 표현

ショッピングセンター 쇼핑센터	乗り物に 乗る 놀이기구를 타다	野球場 야구장
食事 식사	デート 데이트	チアガール 치어걸
遊園地 유원지	図書館 도서관	応援する 응원하다
	借りる 빌리다	カフェ 카페

03 中国に 行った ことが ありますか。

DATE :　　.　　.

C

A：<u>日本に 行った ことが ありますか。</u>(日本に 行く)

B：はい、<u>行った ことが あります。</u>

　　いいえ、<u>行った ことが ありません。</u>

1 日本語で 手紙を 書く

→ A：_____

　　B：_____

2 日本の 料理を 作る

→ A：_____

　　B：_____

3 ご両親に うそを つく

→ A：_____

　　B：_____

4 コンビニで アルバイトを する

→ A：_____

　　B：_____

낱말과 표현

手紙 편지	作る 만들다	コンビニ 편의점
書く 쓰다	両親 양친, 부모님	アルバイト 아르바이트
料理 요리	うそを つく 거짓말을 하다	

D
A：旅行は どうでしたか。(旅行 / 天気も いい・料理も おいしい)
B：天気も よかったし、料理も おいしかったです。

1. あの レストラン / 雰囲気も いい・店員も 親切だ
   → A: ＿＿＿＿＿＿＿＿＿＿＿＿＿＿＿＿＿＿＿＿
      B: ＿＿＿＿＿＿＿＿＿＿＿＿＿＿＿＿＿＿＿＿

2. 映画 / 俳優の 演技も いい・ストーリーも おもしろい
   → A: ＿＿＿＿＿＿＿＿＿＿＿＿＿＿＿＿＿＿＿＿
      B: ＿＿＿＿＿＿＿＿＿＿＿＿＿＿＿＿＿＿＿＿

3. デパート / 建物も 新しい・品物も 多い
   → A: ＿＿＿＿＿＿＿＿＿＿＿＿＿＿＿＿＿＿＿＿
      B: ＿＿＿＿＿＿＿＿＿＿＿＿＿＿＿＿＿＿＿＿

4. 面接 / 質問も 難しい・体の 調子も 悪い
   → A: ＿＿＿＿＿＿＿＿＿＿＿＿＿＿＿＿＿＿＿＿
      B: ＿＿＿＿＿＿＿＿＿＿＿＿＿＿＿＿＿＿＿＿

낱말과 표현

どうでしたか 어땠습니까?
雰囲気 분위기
親切だ 친절하다
俳優 배우
演技 연기
ストーリー 스토리, 이야기
新しい 새롭다
建物 건물
品物 물건
面接 면접
質問 질문
体の 調子 몸 상태

unit 03 톡톡 펜맨십 본책 55쪽

DATE :   .   .

한자

りょこう 旅行 여행	りょこう 旅行	りょこう 旅行		
さいこう 最高 최고	さいこう 最高	さいこう 最高		
き かい 機会 기회	き かい 機会	き かい 機会		
あんない 案内 안내	あんない 案内	あんない 案内		
めんせつ 面接 면접	めんせつ 面接	めんせつ 面接		
こうつう 交通 교통	こうつう 交通	こうつう 交通		

가타카나

ホテル 호텔	ホテル	
センター 센터	センター	
ドラマ 드라마	ドラマ	

unit 04 リラックスしたら どうですか。
릴랙스 하는 게 어때요?

unit 04 톡톡 패턴 　본 책 63-65쪽　　DATE :　　.　　.

A : 友だちと けんかしました。
　　どうしたら いいですか。(友だちと けんかした・早く 仲直りする)
B : 早く 仲直りしたら どうですか。

① パソコンが 故障した・アフターサービスを 受ける

→ A : _____

　B : _____

② スタイルを 変えたい・髪を 短く 切る

→ A : _____

　B : _____

③ 好きな 人が いる・率直に 告白する

→ A : _____

　B : _____

④ 頭が 痛い・薬を 飲む

→ A : _____

　B : _____

낱말과 표현

けんかする 싸우다	受ける 받다	切る 자르다
仲直りする 화해하다	スタイル 스타일	率直に 솔직하게
パソコン 컴퓨터	変える 바꾸다	告白する 고백하다
故障する 고장 나다	髪 머리카락	痛い 아프다
アフターサービス 애프터 서비스	短く 짧게	薬を 飲む 약을 먹다

B

A: どうしたんですか。(ちょっと 頭が 痛い・薬を 飲む)
B: ちょっと 頭が 痛いんです。
A: じゃ、薬を 飲んだ ほうが いいですよ。

1. お腹が 痛い・早く 病院に 行く

    → A: _____

    B: _____

2. 風邪気味だ・家に 帰って 休む

    → A: _____

    B: _____

3. 明日が 試験だ・図書館で 勉強する

    → A: _____

    B: _____

4. カードを なくした・クレジットカード会社に 連絡する

    → A: _____

    B: _____

낱말과 표현

どうしたんですか 왜 그러세요?	帰る 돌아가다	なくす 잃어버리다
お腹 배	休む 쉬다	クレジットカード 신용카드
病院 병원	試験 시험	連絡する 연락하다
風邪気味 감기 기운	カード 카드	

DATE : .   .

C

A : インターネットを しながら テレビを 見ます。

　　　　　(インターネットを する・テレビを 見る)

1. 鏡を 見る・歯を 磨く

   → _____

2. 音楽を 聞く・コーヒーを 飲む

   → _____

3. 動画を 見る・講義を 聞く

   → _____

4. レシピを 見る・料理を 作る

   → _____

낱말과 표현

鏡 거울　　　　　　　　　　　講義 강의　　　　　　　　　　　作る 만들다
歯を 磨く 이를 닦다　　　　　レシピ 조리법, 요리법
動画 동영상　　　　　　　　　料理 요리

04 リラックスしたら どうですか。

unit 04 톡톡 펜맨십 본책 67쪽

한자

だれ 誰 누구	だれ 誰	だれ 誰		
しごと 仕事 일	しごと 仕事	しごと 仕事		
ざっし 雑誌 잡지	ざっし 雑誌	ざっし 雑誌		
さいしん 最新 최신	さいしん 最新	さいしん 最新		
こごと 小言 잔소리	こごと 小言	こごと 小言		
あかじ 赤字 적자	あかじ 赤字	あかじ 赤字		

가타카나

ファッション 패션	ファッション	
マガジン 매거진	マガジン	
リーダー 리더	リーダー	

怒らないで ください。
화내지 말아 주세요.

unit 05 톡톡 패턴 77-79쪽

DATE :   .   .

A

A : あの、すみません。

　　タバコを 吸わないで ください。(タバコを 吸う)

1. ガムを かむ
   → A : _____

2. 大きい 声で 話す
   → A : _____

3. お酒を 飲む
   → A : _____

4. いたずらを する
   → A : _____

5. 写真を 撮る
   → A : _____

6. ここに 車を 止める
   → A : _____

 낱말과 표현

すみません 죄송합니다	声 목소리	いたずらを する 장난치다
ガム 껌	話す 이야기하다	写真 사진
かむ 물다, 씹다	お酒 술	撮る 찍다
大きい 크다, 큰	飲む 마시다	止める 세우다

DATE :　　．　．

B
A : 髪を 短く 切った ほうが いいですか。(髪を 短く 切る)
B : いいえ、短く 切らない ほうが いいと 思います。

1. 留学に 行く
   → A : _____
     B : _____

2. あそこで 働く
   → A : _____
     B : _____

3. 恋人と 別れる
   → A : _____
     B : _____

4. 早く 結婚する
   → A : _____
     B : _____

낱말과 표현

髪 머리카락　　あそこ 저곳, 저기　　早く 빨리
短く 짧게　　働く 일하다　　結婚する 결혼하다
切る 자르다　　恋人 애인
留学 유학　　別れる 헤어지다

DATE :   .   .

C

A : どうしたんですか。(ペットが 死ぬ)
B : <u>ペットが 死んじゃったんです。</u>

1 大事な コップを 割る

→ B : _____

2 試験中 寝る

→ B : _____

3 会議に 遅れる

→ B : _____

4 パソコンが 故障する

→ B : _____

낱말과 표현

ペット 반려동물	割る 깨다	遅れる 늦다
死ぬ 죽다	試験中 시험 중	パソコン 컴퓨터
大事だ 소중하다, 중요하다	寝る 자다	故障する 고장 나다
コップ 컵	会議 회의	

unit 05 톡톡 펜맨십 본책 81쪽

DATE :   .   .

한자

せつやく 節約 절약	せつやく 節約	せつやく 節約		
けいかくてき 計画的 계획적	けいかくてき 計画的	けいかくてき 計画的		
じゅぎょう 授業 수업	じゅぎょう 授業	じゅぎょう 授業		
けっせき 欠席 결석	けっせき 欠席	けっせき 欠席		
おこる 怒る 화내다	おこる 怒る	おこる 怒る		

가타카나

ブランド 브랜드	ブランド	
レポート 리포트	レポート	
カード 카드	カード	

unit 06 スーツを着なければなりませんね。
정장을 입어야겠네요.

unit 06 톡톡 패턴 본책 91-93쪽

DATE :   .   .

A
A : 何をしなければなりませんか。(アルバイトに行く)
B : アルバイトに行かなければなりません。

1. レポートを書く
   → B : _____

2. 料理を作る
   → B : _____

3. 試験を受ける
   → B : _____

4. 書類を作成する
   → B : _____

5. メールをチェックする
   → B : _____

6. 9時までに学校に来る
   → B : _____

낱말과 표현

レポート 리포트	試験を受ける 시험을 치다	メール 메일
料理 요리	書類 서류	チェックする 체크하다
作る 만들다	作成する 작성하다	

B

A: 結婚しなければなりませんか。(結婚する)
B: いいえ、結婚しなくてもいいです。

1. お金を払う → A: ＿＿＿＿＿＿＿＿＿＿＿＿＿＿＿＿＿＿
   　　　　　　　 B: ＿＿＿＿＿＿＿＿＿＿＿＿＿＿＿＿＿＿

2. 写真を撮る → A: ＿＿＿＿＿＿＿＿＿＿＿＿＿＿＿＿＿＿
   　　　　　　　 B: ＿＿＿＿＿＿＿＿＿＿＿＿＿＿＿＿＿＿

3. 英語で話す → A: ＿＿＿＿＿＿＿＿＿＿＿＿＿＿＿＿＿＿
   　　　　　　　 B: ＿＿＿＿＿＿＿＿＿＿＿＿＿＿＿＿＿＿

4. 朝早く起きる → A: ＿＿＿＿＿＿＿＿＿＿＿＿＿＿＿＿＿＿
   　　　　　　　　B: ＿＿＿＿＿＿＿＿＿＿＿＿＿＿＿＿＿＿

5. アプリをダウンロードする
   → A: ＿＿＿＿＿＿＿＿＿＿＿＿＿＿＿＿＿＿
   　 B: ＿＿＿＿＿＿＿＿＿＿＿＿＿＿＿＿＿＿

6. 試験に合格する → A: ＿＿＿＿＿＿＿＿＿＿＿＿＿＿＿＿＿＿
   　　　　　　　　　B: ＿＿＿＿＿＿＿＿＿＿＿＿＿＿＿＿＿＿

낱말과 표현

お金 돈
払う 지불하다
写真を撮る 사진을 찍다
朝早く 아침 일찍

起きる 일어나다
アプリ 앱
ダウンロードする 다운로드하다

試験 시험
合格する 합격하다

DATE :   .   .

C
A : 何のために日本語の勉強をしていますか。(日本語で小説を読む)
B : 日本語で小説を読むために勉強をしています。

1. 日本に留学する

   → B : _____

2. 日本の会社に入る

   → B : _____

3. 日本のドラマを字幕なしで見る

   → B : _____

4. 日本人の友だちと日本語で話す

   → B : _____

5. いい会社に就職する

   → B : _____

6. 日本語能力試験を受ける

   → B : _____

낱말과 표현

小説 소설	字幕 자막	日本語能力試験 일본어능력시험
留学 유학	なし 없음	受ける (시험 등을) 보다, 치다
ドラマ 드라마	就職する 취직하다	

06 スーツを着なければなりませんね。

unit 06 톡톡 펜맨십 본 책 95쪽

DATE :   .   .

한자

とうぜん 当然 당연	とうぜん 当然	とうぜん 当然		
ちこく 遅刻 지각	ちこく 遅刻	ちこく 遅刻		
せいかく 性格 성격	せいかく 性格	せいかく 性格		
じゅんび 準備 준비	じゅんび 準備	じゅんび 準備		
けんこう 健康 건강	けんこう 健康	けんこう 健康		
せいせき 成績 성적	せいせき 成績	せいせき 成績		

가타카나

スーツ 슈트	スーツ	
ビジュアル 비주얼	ビジュアル	
エステ 에스테, 전신 미용	エステ	

unit 07 いつでもドライブができます。
언제든지 드라이브할 수 있습니다.

unit 07 톡톡 패턴　본 책 103-105쪽　　DATE :　.　.

A

A: <u>この漢字(かんじ)が読(よ)めますか。</u> (この漢字を読む)
B: はい、読めます。／いいえ、読めません。

1. 中国語(ちゅうごくご)を話(はな)す → A: _____
　　　　　　　　　　　　　　　　　　B: _____

2. 日本(にほん)の歌(うた)を歌(うた)う → A: _____
　　　　　　　　　　　　　　　　　　　B: _____

3. 漢字(かんじ)を書(か)く → A: _____
　　　　　　　　　　　　　B: _____

4. ホームページを作(つく)る → A: _____
　　　　　　　　　　　　　　　B: _____

5. 日本語(にほんご)でレポートを書(か)く
　→ A: _____
　　B: _____

6. 通訳(つうやく)をする → A: _____
　　　　　　　　　　　　B: _____

낱말과 표현

漢字(かんじ) 한자　　作(つく)る 만들다　　通訳(つうやく) 통역
ホームページ 홈페이지　　レポート 리포트

B
A：インターネットで安く買うことができます。(インターネットで安く買う)
B：そうですね。安く買えますね。

1. コーヒーショップでおいしいコーヒーを飲む
   → A：_____
     B：_____

2. 郵便局で小包を送る → A：_____
                          B：_____

3. 図書館で本を借りる → A：_____
                          B：_____

4. コンビニでお弁当を食べる → A：_____
                                B：_____

5. 公園で散歩する   → A：_____
                          B：_____

6. 自転車で来る   → A：_____
                          B：_____

낱말과 표현

インターネット 인터넷	送る 보내다	公園 공원
安く 싸게	図書館 도서관	散歩する 산책하다
コーヒーショップ 커피숍	借りる 빌리다	自転車 자전거
郵便局 우체국	コンビニ 편의점	
小包 소포	お弁当 도시락	

DATE :   .   .

C

A : 彼は来られるでしょうか。(彼は来られる)
B : 来られないかもしれません。

1. いい人に会える
   → A : _____
   → B : _____

2. 留学に行ける
   → A : _____
   → B : _____

3. 彼女は料理が作れる
   → A : _____
   → B : _____

4. この服が着られる
   → A : _____
   → B : _____

5. 今年入社できる
   → A : _____
   → B : _____

6. あの二人は結婚できる
   → A : _____
   → B : _____

낱말과 표현

留学 유학	服 옷	今年 올해
料理 요리	着る 입다	入社 입사

unit 07 톡톡 펜맨십   본 책 107쪽

한자

うんてん 運転 운전	うんてん 運転	うんてん 運転		
めんきょ 免許 면허	めんきょ 免許	めんきょ 免許		
むりょう 無料 무료	むりょう 無料	むりょう 無料		
りょう 利用 이용	りょう 利用	りょう 利用		
ねだん 値段 값	ねだん 値段	ねだん 値段		
つうやく 通訳 통역	つうやく 通訳	つうやく 通訳		

가타카나

ボーリング 볼링	ボーリング	
スノーボード 스노보드	スノーボード	
コンビニ 편의점	コンビニ	

日本へ留学に行くつもりです。
일본에 유학하러 갈 예정입니다.

unit 08 톡톡 패턴 본 책 115-117쪽

DATE :   .   .

アルバイトをするつもりです。(アルバイトをする)

アルバイトをしないつもりです。

1. 家を買う → _____
   → _____

2. エステに行く → _____
   → _____

3. 朝早く家を出る → _____
   → _____

4. 日本語能力試験を受ける
   → _____
   → _____

5. 早く結婚する → _____
   → _____

6. 図書館に来る → _____
   → _____

낱말과 표현

エステ 에스테, 전신 미용	家を出る 집을 나서다	結婚する 결혼하다
朝早く 아침 일찍	試験を受ける 시험을 치다	図書館 도서관

B

A：今度の週末に何をしようと思っていますか。(友だちに会う)
B：友だちに会おうと思っています。

1. ドライブに行く

    → B : _____

2. 小説を読む

    → B : _____

3. 映画を見る

    → B : _____

4. 恋人とデートする

    → B : _____

5. 図書館で勉強する

    → B : _____

6. 学校に来る

    → B : _____

낱말과 표현

今度 이번
週末 주말
ドライブ 드라이브
小説 소설
読む 읽다
映画 영화
恋人 애인
デートする 데이트하다

C

A: 卒業後私は進学するつもりです。(卒業後, 進学する)
B: 私も進学しようと思っています。

1. 来月から, 中国語を習う
   → A: _____
     B: _____

2. 来年, 日本に行く
   → A: _____
     B: _____

3. 再来月, 引っ越す
   → A: _____
     B: _____

4. 明日から, 朝早く起きる
   → A: _____
     B: _____

5. 再来年, 結婚する
   → A: _____
     B: _____

6. 今日から, ダイエットする
   → A: _____
     B: _____

낱말과 표현

卒業後 졸업 후
進学する 진학하다
来月 다음 달
習う 배우다
来年 내년
再来月 다다음달
引っ越す 이사하다
再来年 내후년
ダイエットする 다이어트하다

unit 08 톡톡 펜맨십 본책 119쪽

DATE :   .   .

한자

よてい 予定 예정	よてい 予定	よてい 予定		
せいかつ 生活 생활	せいかつ 生活	せいかつ 生活		
たぶん 多分 아마	たぶん 多分	たぶん 多分		
りゅうがく 留学 유학	りゅうがく 留学	りゅうがく 留学		
ゆうき 勇気 용기	ゆうき 勇気	ゆうき 勇気		
まかせる 任せる 맡기다	まかせる 任せる	まかせる 任せる		
しゅっぱつ 出発 출발	しゅっぱつ 出発	しゅっぱつ 出発		

가타카나

チャレンジ 도전, 챌린지	チャレンジ	
ダイエット 다이어트	ダイエット	

unit 09 ロトに当たったら何がしたいですか。
로또에 당첨되면 무엇을 하고 싶습니까?

unit 09 톡톡 패턴 본 책 129–131쪽

DATE :   .   .

A
機会があれば留学に行きたいです。
(機会がある・留学に行く)

1. お金がある・海外旅行に行く
→ _____

2. 雨が降る・家にいる
→ _____

3. 試験に合格する・おごる
→ _____

4. 天気がいい・ドライブに行く
→ _____

낱말과 표현

機会 기회	海外旅行 해외여행	合格する 합격하다
留学 유학	試験 시험	おごる 한턱내다

B 授業が終わったら学科事務室に来てください。
(授業が終わる・学科事務室に来る)

1. スケジュールが決まる・連絡する
   → _____

2. 映画が始まる・話さない
   → _____

3. 日本に着く・電話する
   → _____

4. よく分からない・質問する
   → _____

낱말과 표현

授業 수업	決まる 정해지다	分からない 모르다
終わる 끝나다	連絡する 연락하다	質問する 질문하다
学科事務室 학과 사무실	始まる 시작되다	
スケジュール 스케줄	着く 도착하다	

C

たくさん食べると太ります。
(たくさん食べる・太る)

1. スイッチを押す・電気がつく

   → _____

2. ホームページに入る・写真が見られる

   → _____

3. この道を真っ直ぐ行く・駅がある

   → _____

4. 角を曲がる・病院が見える

   → _____

낱말과 표현

たくさん 많이	電気がつく 전기가 켜지다	真っ直ぐ 곧장, 똑바로
太る 살찌다	ホームページ 홈페이지	駅 역
スイッチ 스위치	写真 사진	角を曲がる 모퉁이를 돌다
押す 누르다	見られる 볼 수 있다	病院 병원

unit 09 톡톡 펜맨십 본책 133쪽

DATE :   .   .

한자

いっしょう 一生 일생	いっしょう 一生	いっしょう 一生		
ひつよう 必要 필요	ひつよう 必要	ひつよう 必要		
れんしゅう 練習 연습	れんしゅう 練習	れんしゅう 練習		
てんき 天気 날씨	てんき 天気	てんき 天気		
えき 駅 역	えき 駅	えき 駅		
そうだん 相談 상담	そうだん 相談	そうだん 相談		
べんきょう 勉強 공부	べんきょう 勉強	べんきょう 勉強		

가타카나

ロト 로또	ロト	
ドライブ 드라이브	ドライブ	

unit 10 キャンディーブーケを作ってあげたらどうですか。
사탕부케를 만들어 주면 어떻습니까?

unit 10 톡톡 패턴 본 책 144-147쪽

DATE :   .   .

A
私は友だちに本をあげました。
(友だち・本・あげる)

1. 猫・えさ・やる

   → _____

2. 彼氏・ネクタイ・あげる

   → _____

3. 先生・お花・さしあげる

   → _____

4. 部長・ワイン・さしあげる

   → _____

낱말과 표현

猫 고양이	ネクタイ 넥타이	部長 부장
えさ 먹이	お花 꽃	ワイン 와인

B 私は先生に招待券をさしあげました。
(私・先生・招待券・さしあげる)

1. 私・先生・資料・いただく
   → _____

2. 私・親友・本・あげる
   → _____

3. 親友・私・財布・くれる
   → _____

4. 先生・親友・論文・くださる
   → _____

5. 親友・先生・和菓子・さしあげる
   → _____

6. 親友・私・本・もらう
   → _____

낱말과 표현

招待券 초대권　　親友 친구　　和菓子 일본식 과자
資料 자료　　　　論文 논문

DATE :   .   .

C 私は姉に本を買ってもらいました。
(私・姉・本を買う)

1. 私・先生・日本語を教えていただく
   → _____

2. 先生・姉・就職先を紹介してくださる
   → _____

3. 姉・私・本を買ってくれる
   → _____

4. 私・弟・料理を作ってやる
   → _____

5. 弟・先生・進学相談していただく
   → _____

6. 先生・弟・進学相談してくださる
   → _____

낱말과 표현

就職先 취직처
紹介する 소개하다

料理を作ってやる
요리를 만들어 주다

進学相談する 진학상담하다

DATE :   .   .

D
A : 彼女に誕生日プレゼントをしたいんですが。
B : 誕生日プレゼントならアクセサリーはどうですか。

(彼女・誕生日プレゼント・アクセサリー)

1. 両親・結婚記念日のプレゼント・花束

   → A : _____
   　　B : _____

2. 恋人・クリスマスプレゼント・マフラー

   → A : _____
   　　B : _____

3. 先輩・卒業祝いのプレゼント・靴

   → A : _____
   　　B : _____

4. 同僚・引っ越し祝いのプレゼント・掃除機

   → A : _____
   　　B : _____

낱말과 표현

アクセサリー 액세서리	恋人 애인	祝い 축하
両親 양친, 부모님	クリスマス 크리스마스	同僚 동료
結婚記念日 결혼기념일	マフラー 머플러	引っ越し 이사
花束 꽃다발	卒業 졸업	掃除機 청소기

unit 10 톡톡 펜맨십 본책 149쪽

한자

けんさく **検索** 검색	けんさく 検索	けんさく 検索		
かんどう **感動** 감동	かんどう 感動	かんどう 感動		
りょうしん **両親** 부모님	りょうしん 両親	りょうしん 両親		
しりょう **資料** 자료	しりょう 資料	しりょう 資料		
かぞく **家族** 가족	かぞく 家族	かぞく 家族		
さくぶん **作文** 작문	さくぶん 作文	さくぶん 作文		
かくにん **確認** 확인	かくにん 確認	かくにん 確認		

가타카나

| **アイデア**
아이디어 | アイデア | |
| **アイテム**
아이템 | アイテム | |

10 キャンディーブーケを作ってあげたらどうですか。

雨が降りそうですから。
비가 내릴 것 같으니까요.

unit 11 톡톡 패턴　본 책 157-159쪽

DATE :　　.　　.

A
ニュースによると不景気が続くそうです。
(ニュース, 不景気が続く)

1. 天気予報, 明日から寒くなる
   → _____

2. 先生の話, 試験は難しくない
   → _____

3. 親友の話, パーティーは楽しかった
   → _____

4. 関係者の話, プレゼンは成功的に終わった
   → _____

 낱말과 표현

新聞 신문　　　　　　　天気予報 일기 예보　　　　プレゼン 프레젠테이션
〜によると ~에 의하면　試験 시험　　　　　　　成功的だ 성공적이다
不景気 불경기　　　　　パーティー 파티
続く 계속되다　　　　　関係者 관계자

DATE :   .   .

B 雪が降りそうです。
(雪が降る)

1. 赤ちゃんが泣き出す
   → _____

2. 授業に遅れる
   → _____

3. 彼は頭がいい
   → _____

4. 彼女は忙しい
   → _____

5. 仕事が大変だ
   → _____

6. 彼女は幸せだ
   → _____

赤ちゃん 아기	遅れる 늦다	大変だ 힘들다
泣き出す 울음을 터뜨리다	頭がいい 머리가 좋다	幸せだ 행복하다
授業 수업	忙しい 바쁘다	

C

おいしそうなケーキですね。（おいしい, ケーキ）

おいしそうに食べますね。（おいしい, 食べる）

1. 難しい, 本

   → _____

2. 真面目だ, 学生

   → _____

3. 元気だ, 子犬

   → _____

4. 楽しい, 遊んでいる

   → _____

5. 悲しい, 泣いている

   → _____

6. 面白い, 笑っている

   → _____

낱말과 표현

難しい 어렵다	子犬 강아지	泣く 울다
真面目だ 성실하다	楽しい 즐겁다	面白い 재미있다
元気だ 건강하다	悲しい 슬프다	笑う 웃다

unit 11 톡톡 펜맨십 본책 161쪽

DATE :   .   .

한자

きぶん 気分 기분	きぶん 気分	きぶん 気分		
びよう 美容 미용	びよう 美容	びよう 美容		
まわり 周り 주변	まわり 周り	まわり 周り		
かんきょう 環境 환경	かんきょう 環境	かんきょう 環境		
いんしょう 印象 인상	いんしょう 印象	いんしょう 印象		
もんだい 問題 문제	もんだい 問題	もんだい 問題		

가타카나

ラーメン 라면	ラーメン	
ニュース 뉴스	ニュース	
パーティー 파티	パーティー	

11 雨が降りそうですから。

unit 12 ドラマのような話ですね。
드라마 같은 이야기네요.

unit 12 톡톡 패턴　본 책 171-173쪽

DATE :　.　.

A
彼は彼女が好きなようです。
(彼は彼女が好きだ)

1. 私の秘密を知っている

   → _____

2. あの二人は別れた

   → _____

3. あの夫婦は仲が悪い

   → _____

4. この頃忙しい

   → _____

5. 仕事が大変だ

   → _____

6. あの指輪はペアリングだ

   → _____

낱말과 표현

秘密 비밀	別れる 헤어지다	仕事 일
知る 알다	この頃 요즘, 최근	指輪 반지

DATE :   .   .

B まるで夢のような話ですね。
(夢・話)

1. お城・家
   → _____

2. 人形・赤ちゃん
   → _____

3. 雪・肌
   → _____

4. モデル・人
   → _____

5. おもちゃ・カメラ
   → _____

6. 天使・先生
   → _____

낱말과 표현

お城 대궐	雪 눈	おもちゃ 장난감
人形 인형	肌 피부	天使 천사
赤ちゃん 아기	モデル 모델	

DATE :   .   .

C
あのレストランはおいしくないらしいですよ。

(あのレストラン・おいしくない)

1. 先輩・恋人を待っている

   → _____

2. 橋本さん・試験に合格した

   → _____

3. あの映画・面白くない

   → _____

4. あのビル・芸能人Kさんの建物だ

   → _____

先輩(せんぱい) 선배	待つ(まつ) 기다리다	芸能人(げいのうじん) 연예인
恋人(こいびと) 애인	合格する(ごうかくする) 합격하다	建物(たてもの) 건물

unit 12 톡톡 펜맨십 본 책 175쪽

DATE :   .   .

한자

こくはく **告白** 고백	こくはく 告白	こくはく 告白		
しゃいん **社員** 사원	しゃいん 社員	しゃいん 社員		
しゅっちょう **出張** 출장	しゅっちょう 出張	しゅっちょう 出張		
でんき **電気** 전기	でんき 電気	でんき 電気		
ふくざつ **複雑** 복잡	ふくざつ 複雑	ふくざつ 複雑		
どうわ **童話** 동화	どうわ 童話	どうわ 童話		
にんぎょう **人形** 인형	にんぎょう 人形	にんぎょう 人形		

가타카나

| **ペアリング**
커플링 | ペアリング | |
| **ストーリー**
이야기 | ストーリー | |

12 ドラマのような話ですね。

unit 13 告白されたんですか。
고백받으신 거예요?

unit 13 톡톡 패턴　183-185쪽

DATE :　　.　　.

A
このビルは20年前に建てられました。

(このビルは20年前に・建てた)

1. 明日から展示会が・開く
   → _____

2. この新聞は日本で一番多く・読んでいる
   → _____

3. サイコロが・投げた
   → _____

4. この製品はハンドメイドで・製作する
   → _____

낱말과 표현

ビル 빌딩	開く 열리다	投げる 던지다
建てる 세우다	一番 제일	製品 제품
明日 내일	多く 많이	ハンドメイド 핸드메이드
展示会 전시회	サイコロ 주사위	製作する 제작하다

B

A：どうしたんですか。(犬, 手をかむ)

B：犬に手をかまれたんです。

1. 父, 叱る

   → B：＿＿＿＿＿＿＿＿＿＿＿＿＿＿＿＿＿＿

2. 母, 小言を言う

   → B：＿＿＿＿＿＿＿＿＿＿＿＿＿＿＿＿＿＿

3. 友だち, いじめる

   → B：＿＿＿＿＿＿＿＿＿＿＿＿＿＿＿＿＿＿

4. すり, 財布をする

   → B：＿＿＿＿＿＿＿＿＿＿＿＿＿＿＿＿＿＿

5. 隣の人, 足を踏む

   → B：＿＿＿＿＿＿＿＿＿＿＿＿＿＿＿＿＿＿

6. 上司, 怒る

   → B：＿＿＿＿＿＿＿＿＿＿＿＿＿＿＿＿＿＿

낱말과 표현

手をかむ 손을 물다 　　　すり 소매치기 　　　上司 상사
叱る 혼나다 　　　　　　財布をする 지갑을 훔치다 　　怒る 화내다, 꾸짖다
小言を言う 잔소리를 하다 　隣の人 옆 사람
いじめる 괴롭히다, 따돌리다 　足を踏む 발을 밟다

DATE : . .

C

A: どうしたんですか。(恋人・誤解する・困っている)
B: 恋人に誤解されて困っています。

1. みんなの前で友だちに笑う・恥ずかしかった

   → B : _____

2. 上司・同僚と比較する・気分が悪い

   → B : _____

3. 彼女・泣く・困っている

   → B : _____

4. ペット・死ぬ・悲しんでいる

   → B : _____

낱말과 표현

恋人 애인	みんなの前 모두의 앞	同僚 동료
誤解する 오해하다	笑う 웃다	比較する 비교하다
困っている 곤란해하다	恥ずかしい 창피하다	気分が悪い 기분이 나쁘다

unit 13 톡톡 펜맨십 본 책 187쪽

DATE :   .   .

한자

さいあく **最悪** 최악	さいあく 最悪	さいあく 最悪		
はんたい **反対** 반대	はんたい 反対	はんたい 反対		
まち **町** 마을	まち 町	まち 町		
がいこく **外国** 외국	がいこく 外国	がいこく 外国		
なまえ **名前** 이름	なまえ 名前	なまえ 名前		
しゃしん **写真** 사진	しゃしん 写真	しゃしん 写真		
けっこん **結婚** 결혼	けっこん 結婚	けっこん 結婚		

가타카나

エコ 환경, 자연	エコ	
モダン 모던, 현대적	モダン	

13 告白されたんですか。

雑務ばかりさせられています。
잡무만 하고 있습니다.

unit 14 톡톡 패턴　197-199쪽

DATE :　.　.

A

先生は学生に教科書を読ませます。
(先生, 学生, 教科書を読む)

1. お母さん, 子供, 薬を飲む
   → _____

2. 医者, 患者, お酒を止める
   → _____

3. 先生, 学生, 質問に答える
   → _____

4. 上司, 部下, 顧客に電話する
   → _____

 낱말과 표현

医者 의사　　患者 환자　　顧客 고객

B

田中さんは医者にタバコを止めさせられました。
(医者は田中さんにタバコを止めさせる)

1. お母さんは子供に部屋の掃除をさせる

   → _____

2. 彼女は彼氏に荷物を持たせる

   → _____

3. 上司は部下に残業させる

   → _____

4. 先輩は後輩にお酒を飲ませる

   → _____

| 掃除 청소 | 残業する 잔업하다 |

C

いつもテレビばかり見ています。

(いつもテレビを見る)

1. ブランド商品を買う

   → _____

2. 音楽を聞く

   → _____

3. 映画を見る

   → _____

4. 運動をする

   → _____

5. インターネットでチャットをする

   → _____

6. メールをチェックする

   → _____

낱말과 표현

ブランド商品 브랜드 상품	チャット 채팅
音楽 음악	チェックする 체크하다

unit 14 톡톡 펜맨십 본책 201쪽

한자

たいへん 大変 힘듦	たいへん 大変	たいへん 大変		
じょうし 上司 상사	じょうし 上司	じょうし 上司		
まいにち 毎日 매일	まいにち 毎日	まいにち 毎日		
にゅうりょく 入力 입력	にゅうりょく 入力	にゅうりょく 入力		
むり 無理 무리	むり 無理	むり 無理		
ぶか 部下 부하	ぶか 部下	ぶか 部下		

가타카나

インターン 인턴	インターン	
データ 데이터	データ	
ゲーム 게임	ゲーム	

unit 15 少々お待ちください。
잠시 기다려 주십시오.

unit 15 톡톡 패턴 210-213쪽   DATE : . .

A
私がその荷物をお持ちします。

(私がその荷物を持つ)

1. タクシーを呼ぶ
   → _____

2. このデザインを勧める
   → _____

3. 車を貸す
   → _____

4. 品物を送る
   → _____

5. ここで待つ
   → _____

6. ご質問に答える
   → _____

낱말과 표현

荷物 짐	デザイン 디자인	品物 물건
タクシー 택시	勧める 추천하다	質問 질문
呼ぶ 부르다	貸す 빌려 주다	答える 대답하다

| DATE : . . |

B
新聞をお読みになります。
(新聞を読む)

1. ご家族を待つ

   → _____

2. 7時頃戻る

   → _____

3. コーヒーを飲む

   → _____

4. 論文を書く

   → _____

5. こちらの座席に座る

   → _____

6. ハンドバッグを買う

   → _____

낱말과 표현

新聞 신문	戻る 돌아가다, 돌아오다	ハンドバッグ 핸드백
読む 읽다	座席 좌석	
~頃 ~즈음	座る 앉다	

DATE :   .   .

C

こちらにお座(すわ)りください。

(こちらに座(すわ)る)

1. このペンを使(つか)う

   → _____

2. ここにご住所(じゅうしょ)とお名前(なまえ)を書(か)く

   → _____

3. 下記事項(かきじこう)をご確認(かくにん)の上(うえ)、申(もう)し込(こ)む

   → _____

4. 良(よ)い週末(しゅうまつ)を送(おく)る

   → _____

낱말과 표현

ご住所(じゅうしょ) 주소	~の上(うえ) ~한 다음에	送(おく)る 보내다
下記事項(かきじこう) 아래 사항	申(もう)し込(こ)む 신청하다	
確認(かくにん) 확인	週末(しゅうまつ) 주말	

DATE :   .   .

D
またいらっしゃってください。　　((상대방에게) また来てください)
橋本と申します。　　　　　　　　((제가) 橋本と言います)

1 (상대방에게) 映画を見てください

   → _____

2 (상대방에게) 食べてください

   → _____

3 (제가) 書類を見ました

   → _____

4 (제가) 明日行きます

   → _____

書類 서류

unit 15 톡톡 펜맨십 본 책 215쪽

DATE :   .   .

한자

しょうしょう 少々 조금, 잠시	しょうしょう 少々	しょうしょう 少々		
かいぎしつ 会議室 회의실	かいぎしつ 会議室	かいぎしつ 会議室		
えいぎょう 営業 영업	えいぎょう 営業	えいぎょう 営業		
おきゃくさま お客様 손님	おきゃくさま お客様	おきゃくさま お客様		
かいふく 回復 회복	かいふく 回復	かいふく 回復		
ほんとう 本当 정말	ほんとう 本当	ほんとう 本当		
かいとう 回答 회답	かいとう 回答	かいとう 回答		

가타카나

| デスク
데스크 | デスク | |
| プロ
프로 | プロ | |

이름

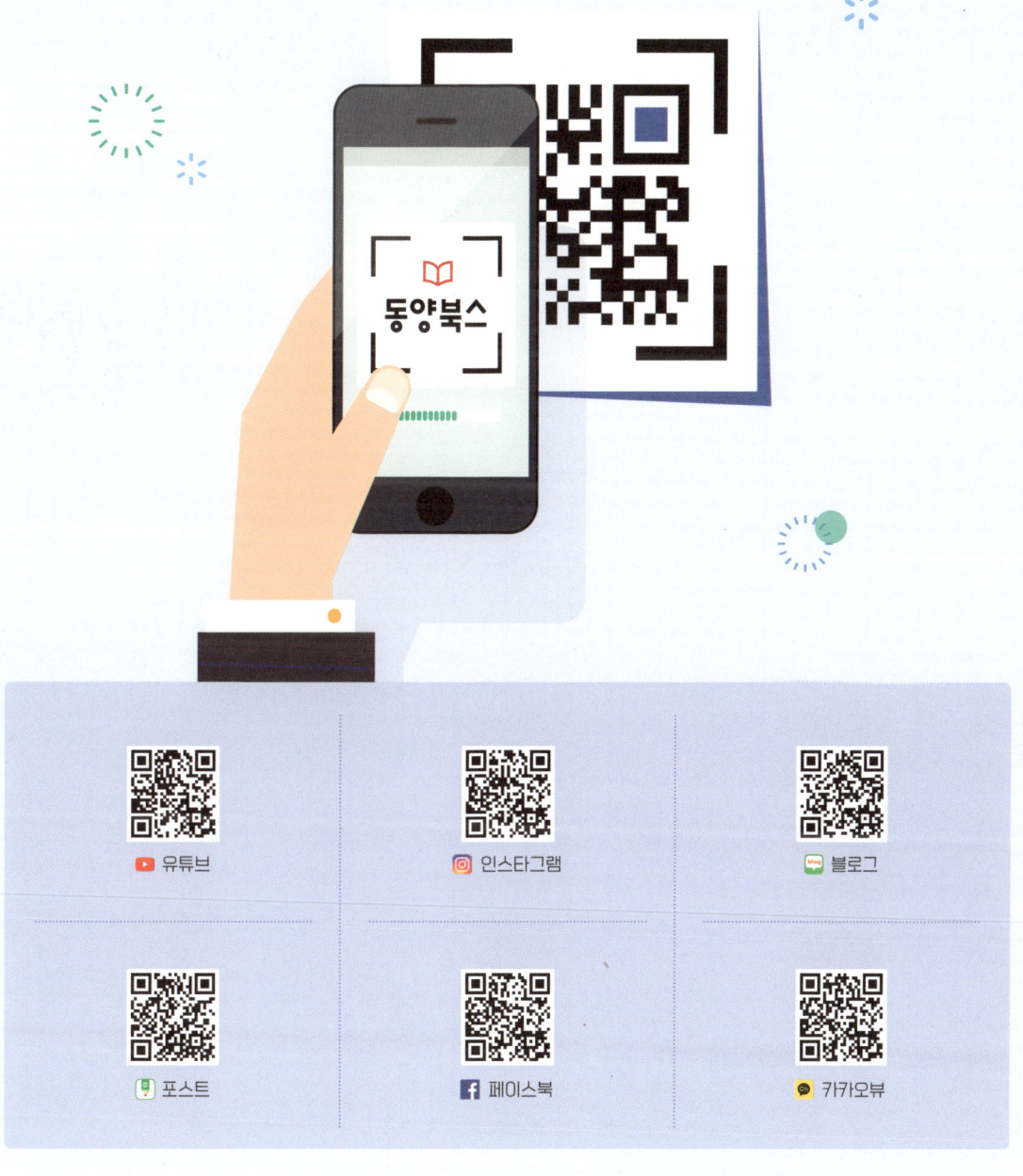

외국어 출판 45년의 신뢰
외국어 전문 출판 그룹
동양북스가 만드는 책은 다릅니다.

45년의 쉼 없는 노력과 도전으로 책 만들기에 최선을 다해온
동양북스는 오늘도 미래의 가치에 투자하고 있습니다.
대한민국의 내일을 생각하는 도전 정신과 믿음으로 최선을 다하겠습니다.

동양북스